ERICH TOSCH

Die Bindung des verfassungsändernden Gesetzgebers an den Willen des historischen Verfassunggebers

Schriften zur Rechtstheorie

Heft 81

Die Bindung des verfassungsändernden Gesetzgebers an den Willen des historischen Verfassunggebers

Von

Dr. Erich Tosch

DUNCKER & HUMBLOT / BERLIN

Alle Rechte vorbehalten
© 1979 Duncker & Humblot, Berlin 41
Gedruckt 1979 bei Buchdruckerei Bruno Luck, Berlin 65
Printed in Germany
ISBN 3 428 04403 7

Inhaltsverzeichnis

A. Überblick über den Gang der Darstellung	15
B. Vom Berufe der Zeit zur Verfassunggebung	17
I. Allgemeine Stellungnahmen	17
II. Typische Verfassunggebungen	18
1. Entstehung neuer Staaten	18
2. Verfassunggebungen nach der Beseitigung alter Verfassungen	18
III. Staaten ohne historischen Verfassunggeber	19
IV. Ergebnis	19
C. Die Verfassungsbegriffe	21
I. Zur Begriffsbildung	21
II. Übersicht	21
III. Überpositive Verfassungsbegriffe	24
1. Rechtsprechung	24
2. Literatur	24
a) von Hippel	24
b) Bachof	25
c) Kägi	26
d) Haug	26
e) Allgemein: Legitimität einer Verfassung	27
3. Die überpositiven Menschenrechte und das Grundgesetz	27
4. Kritik	28
a) Immanente Kritik	28
b) Erkennbarkeit eines allgemeingültigen Wertsystems	29

Inhaltsverzeichnis

- c) Notwendigkeit einer entscheidenden Autorität 31
- d) Stellungnahme zum Bekenntnis des GG 31

5. Ergebnis 33

IV. Idealbegriff der Verfassung 33
  1. Schilderung 33
  2. Kritik 34

V. Soziologische Verfassungsbegriffe 35
  1. Denkbare Anknüpfungspunkte 35
  2. Die tatsächlichen Machtverhältnisse als Verfassung in der Lehre Lasalles 35
     - a) Schilderung 35
     - b) Kritik 36
  3. Somlós Verfassungsbegriffe 37
     - a) Schilderung 37
     - b) Kritik 38
  4. C. Schmitts absoluter Verfassungsbegriff 39
     - a) Schilderung 39
     - b) Kritik 40
  5. Die Verfassung nach der Integrationslehre Smends 42
     - a) Die Integrationslehre 42
     - b) Stellungnahme zur Integrationslehre 44
     - c) Die Verfassungsbegriffe Smends 45
     - d) Verfassungsrechtliche Folgerungen aus der Lehre Smends 46
     - e) Die Auswirkung der Lehre Smends auf die Normqualität der Verfassung 46
  6. Gemeinsame Kritik an den soziologischen Verfassungsbegriffen: Die gebotene Trennung von Norm und Wirklichkeit 47

VI. Der materielle Verfassungsbegriff 48
  1. Der Verfassungskern als Verfassung im materiellen Sinne .. 49
     - a) Die Bestimmung des Verfassungskerns aus dem Gesamtzusammenhang der Verfassung 51
     - b) Das Verhältnis eines Verfassungsgrundsatzes zu konkretisierenden Einzelbestimmungen 52
       - aa) Die Lehre Bridel / Moors zur inhaltlichen Normenhierarchie 52
       - bb) Das Verhältnis des Art. 1 GG zu den nachfolgenden Grundrechten als Beispiel 53
       - cc) Die Untrennbarkeit des Verfassungskerns von konkretisierenden Vorschriften 54

2. Die Verfassung als Normenkomplex, der die Organe und das Verfahren der Gesetzgebung bestimmt 56

   a) Die Entwicklung des Verfassungsbegriffs nach der reinen Rechtslehre 56

   b) Gemeinsamkeiten der reinen Rechtslehre mit klassischen Lehren 59

   c) Auseinandersetzung mit kritischen Stellungnahmen 59

      aa) Identität der verfassungsändernden mit der gesetzgebenden Gewalt 59

      bb) Zur Geltung verfassungswidriger Gesetze 61

          α) Das konstitutive Element unrichtiger Entscheidungen 61

          β) Die scheinbare Nichtigkeit verfassungswidriger Gesetze 61

          γ) Die Zurechnung fehlerhafter Normsetzungsakte zur Rechtsordnung 62

          δ) Die Unerläßlichkeit eines Fehlerkalküls 65

   d) Der notwendige Inhalt der Verfassung in bezug auf die Gesetzgebung 66

      aa) Inhalt 66

      bb) Verfahren 67

      cc) Organ 67

      dd) Normen über die Gesetzgebung im Range unter der Verfassung 68

   e) Die zu starke Verengung des Verfassungsbegriffs in der reinen Rechtslehre 70

3. Der hier vertretene materielle Verfassungsbegriff 70

VII. Der formelle Verfassungsbegriff 72

   1. Zur Geistesgeschichte geschriebener Verfassungen 73

   2. Der Begriff „Grundgesetz" 73

   3. Auseinandersetzung mit der Kritik am formellen Verfassungsbegriff 73

VIII. Das Verhältnis des materiellen zum formellen Verfassungsrecht 74

   1. Überschneidungen 74

   2. Kodifikationsgebot in einer vorhandenen Verfassung 74

   3. Das gesetzgebende Organ als notwendiger Inhalt der formellen Verfassung 75

   4. Abweichungen des materiellen Verfassungsrechts vom Inhalt der Verfassungsurkunde 77

      a) Obsoletwerden der formellen Verfassung 77

      b) Allmähliche Verwirklichung der formellen Verfassung 78

      c) Beabsichtigte Abweichungen 78

   5. Ergebnis: Das maßgebliche Verfassungsrecht 78

D. Die Freiheit der verfassunggebenden Gewalt 80

    I. Die inhaltliche Gestaltungsfreiheit 80

        1. Keine Bindung durch die innerstaatliche Rechtsordnung 80

        2. Keine Bindung durch das Völkerrecht 80

        3. Keine rechtliche Bindung an Wertvorstellungen 81

        4. Keine rechtliche Bindung an Vorgegebenheiten 81

    II. Die Freiheit von Form- und Verfahrensvorschriften 82

E. Die Unbestimmtheit des zur Verfassunggebung berufenen Organs.... 83

    I. Das souveräne Volk als Verfassunggeber kraft Naturrechts 83

        1. Literatur 83

        2. Proklamationen 84

        3. Die Berufung des Grundgesetzes auf das Volk als Verfassunggeber 85

        4. Zustimmung des Volkes zur Verfassung 85

        5. Volkssouveränität politisches Postulat 86

    II. Das Völkerrecht als Einsetzungsnorm für die verfassunggebende Gewalt 87

        1. Besatzungsrecht 87

        2. Vertragliche Gründung eines Bundesstaates 88

        3. Ergebnis: Keine positivrechtliche Bestimmung des verfassunggebenden Organs 89

F. Die Ausstattung der Verfassung mit Rechtsqualität 90

    I. Kein Ersatz der Einsetzungsnorm durch eine Rechtsidee 90

    II. Verfassunggebung kein nur tatsächlicher Vorgang 91

    III. Die Grundnorm 92

G. Der Träger der verfassunggebenden Gewalt 94

    I. Allgemein 94

    II. Die nähere Umschreibung des Normsetzers 94

Inhaltsverzeichnis 9

    1. Zur Bedeutung der Redakteure der Verfassung 94

    2. Der Normsetzer beim Zusammenwirken verschiedener Organe 94

  III. Rechtsdurchsetzende Organe 95

  IV. Die ex-post-Bestimmung des verfassunggebenden Organs 98

    1. Diktatur 98

    2. Gründung eines Bundesstaates 98

    3. Verfassunggebende Nationalversammlung 99

       a) Das Volk als Staatsorgan 99

       b) Entscheidungen vor dem Zusammentreten der verfassunggebenden Nationalversammlung 100

       c) Die Einwirkungsmöglichkeiten des Volkes auf die verfassunggebende Nationalversammlung 100

       d) Die verfassunggebende Tätigkeit der Nationalversammlung 101

       e) Der Kompromißcharakter der Verfassung 102

       f) Die angebliche Einheitlichkeit der verfassunggebenden Gewalt 102

       g) Die Zustimmung des Volkes zum Verfassungsentwurf der Nationalversammlung 103

       h) Ergebnis 103

  V. Die fortschreitende normative Bindung der verfassunggebenden Gewalt 103

  VI. Zur Entstehung des Grundgesetzes 104

H. Das Rechtsschicksal des Verfassunggebers nach dem Akt der Verfassunggebung 105

  I. Zur Permanenz der verfassunggebenden Gewalt des Volkes 105

  II. Rechtsdurchsetzende Orane 105

  III. Kein dauernd zur Verfassunggebung berufenes Organ 106

  IV. Verfassungstranszendente Organe 106

  V. Zum Übergang der verfassunggebenden Gewalt auf den verfassungsändernden Gesetzgeber 107

    1. Der Begriff der Verfassungsänderung 107

       a) Der Kernbegriff 107

       b) Authentische Interpretation 1 08

       c) Gesetzesvorbehalt 108

2. Der Geltungsgrund eines neuen Verfassungsartikels 109
a) Der Satz von der lex posterior 109
b) Die Revisionsklausel als Einsetzungsnorm 110
aa) Die Notwendigkeit einer Einsetzungsnorm 110
bb) Die Zugehörigkeit der Revisionsklausel zur Rechtsordnung 111
α) Die behauptete Identität von verfassunggebender und verfassungsändernder Gewalt 111
β) Angeblich keine Normen im Range über der Verfassung 112
c) Die Normstufe der Revisionsklausel 113
d) Das Fehlerkalkül der Verfassung 114
3. Die gebotene Unterscheidung zwischen Verfassunggebung und Verfassungsänderung 115
4. Die Geltung der Verfassung nach dem Untergang des Verfassunggebers 115

I. Folgerungen auf die Unabänderbarkeit der Revisionsnorm 117
I. Verschiedene Rangstufen innerhalb der Verfassung 117
II. Keine Einsetzungsnorm für eine Änderung der Revisionsklausel 118
III. Regelungsmöglichkeiten des positiven Rechts 119
IV. Ergebnis: Bindung des verfassungsändernden Gesetzgebers an den Willen des historischen Verfassunggebers 119
V. Erfolgte Änderungen der Revisionsklausel 120

J. Die Erstreckung der Unabänderlichkeit der Revisionsklausel auf niederrangige Normen 121
I. Die notwendige Eingrenzung 121
II. Die Unantastbarkeit des Bundestages 122
III. Die Unantastbarkeit des Bundesrates 123
IV. Die Unantastbarkeit des Gesetzgebungsverfahrens 123

K. Die Erstreckung der materiellen Schranken auf die Form- und Verfahrensvorschriften der Revisionsklausel 124
I. Die Auslegungsweise des Art. 79 III GG 124
II. Die Bestandsgarantie des Art. 79 I 1 GG 125

1. Übersichtlichkeit der Verfassung 125

2. Die Vereinbarkeit des Art. 79 I 2 GG mit dem Gewaltenteilungsgrundsatz 126

3. Verstoß gegen die Bindung des Gesetzgebers an die verfassungsmäßige Ordnung 127

4. Die Bedeutung der Föderativklausel 128

III. Die Bestandsgarantie und das Verfahren der Organe der verfassungsändernden Gesetzgebung 128

1. Verfahren 128

2. Der Bundestag 129

3. Der Bundesrat 129

IV. Die Unantastbarkeit der qualifizierten Mehrheiten 130

1. Erstreckung von der Bindung des einfachen Gesetzgebers an die verfassungsmäßige Ordnung 130

2. Die Unvereinbarkeit einer Verschärfung der erforderlichen Mehrheiten mit dem Demokratiegrundsatz 131

3. Die Erstreckung des Demokratiegrundsatzes auf die qualifizierte Mehrheit 132

   a) Die größtmögliche Freiheit bei absoluter Mehrheit 132

   b) Die Bedeutung der qualifizierten Mehrheit für die Minderheitenrechte 133

L. Die Rechtsstaatlichkeit als Voraussetzung der Demokratie 135

M. Die konservative Tendenz der Verfassung 137

Literaturverzeichnis 138

X. Abkürzungen

a. A.	anderer Ansicht
aaO	am angegebenen Orte
AöR	Archiv des öffentlichen Rechts
AdG	Archiv der Gegenwart
BK	Bonner Kommentar
BVerfGE	Entscheidungen des Bundesverfassungsgerichts
Diss.	Dissertation
DJT	Verhandlungen des deutschen Juristentages
DJZ	Deutsche Juristen-Zeitung
DöV	Die öffentliche Verwaltung
DVBl.	Deutsches Verwaltungsblatt
EvStL	Evangelisches Staatslexikon
GG	Grundgesetz
HdBDStR	Handbuch des Deutschen Staatsrechts
JahrböffR	Jahrbuch des öffentlichen Rechts
JuS	Juristische Schulung
JZ	Juristenzeitung
KudW	Der Kampf um den Wehrbeitrag
NF	Neue Folge
NJW	Neue Juristische Wochenschrift
RITD	Revue international de la Théorie du Droit
VerhdBT	Verhandlungen des deutschen Bundestages
VVDStRL	Veröffentlichungen der Vereinigung der Deutschen Staatsrechtslehrer
ZaöRV	Zeitschrift für ausländisches öffentliches Recht und Völkerrecht
ZöffR	Zeitschrift für öffentliches Recht
ZRP	Zeitschrift für Rechtspolitik
ZSchwR	Zeitschrift für Schweizerisches Recht

A. Überblick über den Gang der Darstellung

Die Revisionsklausel des Bonner Grundgesetzes soll unter verfassungstheoretischen Gesichtspunkten beleuchtet werden. Die Änderungsverbote, Art. 79 III GG, die qualifizierten Mehrheiten, Art. 79 II GG und die Formvorschrift Art. 79 I 1 GG geben Anlaß zu der Frage, ob die in Art. 79 GG enthaltenen Schranken und Erschwerungen als Bindung des verfassungsändernden Gesetzgebers an den Willen des historischen Verfassunggebers aufgefaßt werden können. Problematisch erscheint insbesondere, ob diese Vorschriften, die die Änderung des Grundgesetzes zum Gegenstand haben, ihrerseits einer Änderung zugänglich sind. Der Inhalt des Art. 79 III GG wird nur insoweit ausgelegt, als sich bestimmte ausdrückliche Änderungsverbote auf einzelne Elemente der ersten beiden Absätze des Art. 79 GG erstrecken könnten. Der Schwerpunkt dieser Arbeit liegt auf Art. 79 I 1 und II GG. Sollte sich aus normlogischen Gründen die Unabänderlichkeit dieser Absätze ergeben, so hätte dies weitere Unabänderlichkeiten zur Folge, die sich nicht unmittelbar aus Art. 79 III GG ergeben.

Ausgangspunkt der Untersuchung ist das positive Recht. Hinzu kommt die Analyse bestimmter Vorgänge, die sich einer Regelung durch gesetztes Recht entziehen. Verfassungspolitische Postulate werden in die Erörterung einbezogen, dabei aber möglichst vom geltenden Recht unterschieden.

Zur Beantwortung der Frage, ob in der Revisionsklausel des Grundgesetzes eine Bindung des verfassungsändernden Gesetzgebers an den Willen des Verfassungsgebers von 1949 gesehen werden kann, muß man sich darüber klar werden, wer Träger der verfassunggebenden Gewalt ist, ob sie vom verfassungsändernden Gesetzgeber unterschieden werden kann und welches Rechtsschicksal sie nach Erlaß der Verfassung erleidet.

Wenn der Satz der Präambel des Grundgesetzes, „das deutsche Volk in den Ländern Baden, Bayern ..." habe „kraft seiner verfassunggebenden Gewalt dieses Grundgesetz der Bundesrepublik Deutschland beschlossen", als Beschreibung eines historischen Vorganges aufzufassen ist, kann diese Beschreibung auf ihren Wahrheitsgehalt überprüft werden. Aussagen des Grundgesetzes über ein tatsächliches Geschehen sind für die Wissenschaft nicht verbindlich. Ebensowenig kann das Grundgesetz selbst darüber entscheiden, wie es Rechtsqualität erlangt, wie also sein Urheber, das „deutsche Volk", die Befugnis zur Verfassunggebung erworben habe.

Anhand einiger typischer Verfassunggebungen soll entwickelt werden, wer allgemein allgemein als Träger der verfassunggebenden Gewalt in Frage kommt. An die Probleme heranführen wird die Schilderung der politischen Voraussetzungen der Verfassunggebung.

B. Vom Berufe der Zeit zur Verfassunggebung

I. Allgemeine Stellungnahmen

Die Frage, was unter einer Verfassung zu verstehen ist, wie sie Geltung erlangt und welchen Inhalt sie hat, ist mit juristischen Methoden zu beantworten. Gegenstand der Rechtswissenschaft ist das positive Recht. Der Politiker hat darüber zu entscheiden, wie seinen Zielsetzungen entsprechend eine Rechtsordnung inhaltlich auszugestalten ist, welche Rechtsordnung als richtig, welche als die beste anzusehen ist[1]. Demnach ist es auch Aufgabe der Politik, den Zeitpunkt zu erkennen, der der richtige und geeignete zur Neuschaffung einer Verfassung ist. Auf die besondere Bedeutung dieses Zeitpunktes kommt es an, wenn es politisch seine Berechtigung haben soll, von einem historischen Verfassunggeber zu sprechen.

Für das Schicksal eines Volkes ist eine Verfassunggebung ein außergewöhnlicher Vorgang[2]. Regelmäßig ist mit der Verfassunggebung eine ruckartige Verschiebung der Machtverhältnisse verbunden[3]. Die verfassunggebende Gewalt erscheint in ihrer Fülle in Krisenzeiten, wenn sie auf revolutionäre Weise die politischen und sozialen Verhältnisse durch neue ersetzt[4]. Auch das unorganisierte Volk kann in solchen wenigen entscheidenden Augenblicken durch Akklamation erkennbar einen Willen äußern[5]. Nur selten ergeben sich die Voraussetzungen für eine Verfassunggebung in einer Gesellschaft, die sich kontinuierlich weiterentwickelt[6].

Besonders C. Schmitt[7] hat die Bedeutung der Ausnahmesituation für die Verfassunggebung hervorgehoben. Grundtenor seiner Werke ist die Behauptung, die Geltung einer Norm setze eine normale Situation voraus. Im Ausnahmezustand sei die Zeit für eine politische Dezision ge-

---

[1] Kelsen, AllgStL S. 44 f.
[2] Ehmke, DöV 56, 455; Herzog, AllgStL S. 316.
[3] Gutmann S. 56; Heller, StL S. 270; Lasalle S. 27 f.
[4] Battelli S. 24; Burdeau III S. 172; Hauriou S. 281.
[5] C. Schmitt, VerfL S. 83; diesen Sonderfall erkennt auch Schmitts Kritiker Haug, S. 160 an.
[6] Burdeau III S. 178; Herzog, AllgStL S. 316; Preuß, DJZ 24, 651; C. Schmitt, VerfL S. 84.
[7] PolTh S. 11, 20; Der Begriff des Politischen S. 34; Drei Arten S. 10, 22 f., VVDStRL 1, 91 f.

kommen. — Eine politische Entscheidung im Ausnahmezustand ist auch die Entscheidung über die Verfassunggebung, über „Art und Form der politischen Existenz"[8].

Carlo Schmid[9] bezeichnet den Augenblick, in dem sich ein Volk in Verfassung bringt, als Landmarke seiner geschichtlichen Entwicklung. Es treffe Grundentscheidungen über politische Lebenswerte, die das Fundament des Staates sein sollen, in dem es leben will. Gegenüber der Vergangenheit werde eine Abschlußbilanz und gegenüber der Zukunft eine Eröffnungsbilanz gezogen.

Hierüber sind sich die Theoretiker der verschiedensten Grundkonzeptionen im wesentlichen einig.

II. Typische Verfassunggebungen

Zum Vorstehenden sollen einige Beispiele herausgegriffen werden:

1. Entstehung neuer Staaten

Bei den meisten neu entstandenen Staaten, die sich eine Verfassung geben, handelt es sich um ehemalige Kolonien, die gewaltsam ihre Unabhängigkeit erkämpft haben oder die aus anderen Gründen in die Eigenstaatlichkeit entlassen wurden. Auf dem Gebiete eines Altstaates ist die Entstehung neuer Staaten im Wege der Dismembration oder der Sezession denkbar. Auch können sich mehrere Staaten zu einem neuen Staat zusammenschließen. Dabei können die Altstaaten untergehen oder als Gliedstaaten in einem Bundesstaat erhalten bleiben[10].

Da kein Staat ohne rechtliche Grundordnung auskommen kann, besteht wohl kein Zweifel an der Notwendigkeit einer Verfassunggebung, wenn ein neuer Staat entstanden ist[11]. Die Verfassung gilt unter den Völkern als Geburtszeugnis nationaler Selbstbestimmung und als Symbol der Unabhängigkeit[12].

2. Verfassunggebungen nach der Beseitigung alter Verfassungen

Die alte (materielle) Verfassung wird beseitigt und eine neue geschaffen.

Dabei ist an eine kriegerische Besetzung zu denken, bei der die Besatzungsmacht auf lange Zeit die Tätigkeit der Verfassungsorgane verhindert, wie es in Frankreich nach dem II. Weltkrieg geschehen ist.

---

[8] VerfL S. 75.
[9] VerhDBT 1954, 17. Sitzung, S. 573 (B).
[10] Herzog, DöV 62, 85.
[11] von Beyme S. 54.
[12] Gutmann S. 56; Loewenstein, TechnVÄ S. 10.

Auch kann mit der Besiegung eine bestimmte Verfassungsordnung auf immer zusammenbrechen (Deutschland 1945). Auch in diesen Fällen nötigt die politische Situation zu einer Verfassunggebung.

Die alte Verfassung wird auf revolutionärem Wege beseitigt. Regelmäßig wird bei einer Revolution dafür Sorge getragen, daß es den Anhängern der alten Verfassung nicht möglich ist, die bisherige Ordnung wiederherzustellen. Mit den obigen Fällen hat eine gelungene Revolution als Folge ein verfassungsrechtliches Vakuum[13] gemeinsam, das mit einer neuen Verfassung ausgefüllt werden muß, wenn der Staat nicht in Anarchie verharren will. Darüber, wann es an der Zeit für eine Revolution ist, wird hier allerdings nichts gesagt.

Schließlich kann eine Verfassung selbst das Ende seiner Geltung an den Eintritt bestimmter Ereignisse knüpfen und damit freien Raum für eine neue Verfassung schaffen. So will das GG gemäß Art. 146 einer Verfassung, die nach der Wiedervereinigung vom deutschen Volke in freier Entscheinug beschlossen worden ist, nicht entgegenstehen[14].

III. Staaten ohne historischen Verfassunggeber

Es gibt freilich Staaten, in denen nie bewußt eine Ordnung der obersten Staatsorgane geschaffen wurde. Diese Ordnung hat sich gewohnheitsrechtlich[15] unter dem Einfluß verschiedenartiger Kräfte kontinuierlich entwickelt[16]. Dies gilt für die Staaten im Mittelalter und heute noch für Großbritannien[17]. Einen historischen Verfassunggeber gibt es in diesen Ländern nicht. Da es keinen Bruch in der staatlichen Entwicklung gab, bestand kein Anlaß zu einer rationalen Gestaltung der staatlichen Organisation. Dies bestätigt die Eingangsthese, nach der nur unter besonderen, außergewöhnlichen Umständen der Verfassunggeber berufen ist, eine Neuordnung des Staates zu schaffen.

IV. Ergebnis

Eine Verfassung ist vor allem zu geben, wenn ein verfassungsrechtliches Vakuum auszufüllen ist[18].

---

[13] Burdeau III S. 203; Maunz, DÖV 53, 646; Scheuner, DöV 53, 582.

[14] Götz, NJW 58, 1021; Henke S. 141 ff.; Maunz, DÖV 53, 647 f.; Scheuner, DöV 53, 581 ff. Nur an diese Bedingung knüpft das GG das Ende seiner Geltung. Es ist nicht richtig, in Art. 146 eine Norm zu sehen, die den gesamtdeutschen Verfassunggeber bindet, so aber Dennewitz, BK Art. 146, Erl. II.

[15] Burdeau II S. 39; Dupraz S. 439 a; Favre S. 88.

[16] Badura, EvStL Sp. 2346; Haug S. 152 f.; Heller, StL S. 271.

[17] Scheuner, DöV 53, 583.

[18] BVerfGE 1, 61: „Die verfassunggebende Nationalversammlung ist nur berufen, aus dem verfassungslosen Zustand den verfassungsgemäßen Zustand herzustellen."

Demnach ist es bei der politischen Fragestellung, die diesem Abschnitt zu Grunde liegt, berechtigt, von einem historischen Verfassunggeber zu sprechen. Sollte sich im weiteren Gang der Darstellung auch rechtlich ein historischer Verfassunggeber nachweisen lassen, so ist jedenfalls der Fehler vermieden worden, durch „gänzliches Abstrahieren von aller Politik zur Kenntnis staatlicher Skelette"[19] zu gelangen.

---

[19] G. Jellinek, AllgStL S. 16.

C. Die Verfassungsbegriffe

I. Zur Begriffsbildung

Es kann niemandem verwehrt werden, Begriffe so zu definieren, wie er sie im weiteren Verlauf seiner Forschungen zu verwenden gedenkt. Während die Auslegung eines im Gesetz vorgefundenen Begriffs falsch oder richtig sein kann, ist die wissenschaftliche Begriffsbildung frei. Der Begriff: „Das Grundgesetz" kann fehlerhaft aufgefaßt werden, der Begriff: „Verfassung" der Verfassungstheorie nicht falsch, sondern nur unzweckmäßig definiert werden. Ein Wissenschaftler, der einen Begriff geschaffen hat, muß für die Abgrenzbarkeit von anderen Begriffen sorgen. Lassen sich klare Abgrenzungsmerkmale nicht finden, ist der Begriff unbrauchbar und verhindert klare Erkenntnisse.

Die grundlegende Ordnung eines staatlichen Gemeinwesens, die „Verfassung", kann von verschiedenen Wissenschaften mit unterschiedlichen Erkenntniszielen untersucht werden. Dabei werden der Ethiker, der Politiker, der Soziologe und der Jurist die „Verfassung" unter verschiedenen Aspekten sehen und für ihre Disziplin spezifische Begriffe schaffen[1]. Einzelne Merkmale der verschiedenen Verfassungsbegriffe können dabei durchaus übereinstimmen. Eine Wissenschaft kann an die von der anderen gewonnenen Erkenntnisse anknüpfen. Methodische Korrektheit gebietet dem Juristen, Außerrechtliches vom Rechtlichen zu trennen oder anzugeben, wie außerrechtliche Vorgänge auf Rechtsnormen einwirken können.

Doch auch innerhalb der Rechtswissenschaft werden, wie sich zeigen wird, unterschiedliche Verfassungsbegriffe gebraucht. Da bei verschiedenen Verfassungsbegriffen mit verschiedenen Verfassunggebern zu rechnen ist, kann erst nach dem historischen Verfassunggeber gefragt werden, wenn vorher genau festgelegt wird, was unter der „Verfassung" zu verstehen ist.

II. Übersicht

Vorangestellt sei eine Übersicht über die in der Literatur verwendeten Verfassungsbegriffe.

Bei C. Schmitt ist die Verfassung eines Staates der Gesamtzustand politischer Einheit und Ordnung[2]. Sie ist nicht in einem Gesetz oder

---

[1] Zur Abhängigkeit der Begriffsbildung vom Erkenntnisziel vgl. Hoffmann, Teilung, S. 15, der das Problem am Staatsbegriff entwickelt.

einer Norm enthalten[3], sondern eine seinsmäßige Größe[4]. Mit diesem „positiven" Verfassungsbegriff knüpft C. Schmitt an Lasalle[5] an, der die Verfassung als die in einem Lande bestehenden tatsächlichen Machtverhältnisse definiert[6]. Von den tatsächlichen Machtverhältnissen geht auch Somló bei einem seiner Verfassungsbegriffe aus. Verfassung bedeutet bei ihm die Bezeichnung der Machthaber, die zusammen die Rechtsmacht eines Staates bilden[7]. Diese Verfassung, so stellt Somló selbst klar, ist eine soziale Tatsache, keine juristische[8].

Weniger eindeutig erklärt sich Smend, ob sein Verfassungsbegriff in die Soziologie oder in die Rechtswissenschaft gehört. Er bezeichnet die Verfassung zwar als positives Recht, aber das Gemischtsein aus soziologischen und juristischen Elementen ist unverkennbar, wenn es heißt: „Die Verfassung (ist) nicht nur Norm, sondern auch Wirklichkeit; als Verfassung ist sie integrierende Wirklichkeit[9]."

Nicht die erfahrbare soziologische Wirklichkeit, sondern ethische Sollensnormen finden Eingang in die theozentrische, moralische Weltverfassung[10]. Sie bildet ein Ganzes, eine Rechtsverfassung, von der die geschriebene Verfassung nur als sichtbarer und lesbarer Teil anzusehen ist[11]. Dieser Verfassungsbegriff von Hippels sei stellvertretend angeführt für zahlreiche Lehren, die das Schicksal des positiven Rechts vom göttlichen Recht, dem Naturrecht und der Moral abhängig machen.

Besonders hervorzuheben ist der Idealbegriff der Verfassung[12]. „Jede Gesellschaft, in der weder die Garantie der (Menschen- und Bürger-) Rechte gesichert noch die Teilung der Gewalten bestimmt ist, hat keine Verfassung[13]." Bei diesem Idealbegriff wird nur eine Verfassung als wahre anerkannt, die bestimmten politischen Postulaten genügt. Außer diesen in der Déclaration des droits de l'homme et du citoyen von 1789 genannten inhaltlichen Prinzipien muß die ideale Verfassung der Schriftform genügen.

---

[2] C. Schmitt, VerfL S. 3.
[3] S. 23.
[4] S. 9.
[5] Bezugnahme S. 6.
[6] Lasalle S. 23.
[7] Somló S. 309.
[8] S. 310.
[9] Smend S. 80.
[10] von Hippel, VVDStRL H. 10, S. 11.
[11] S. 12.
[12] Dazu C. Schmitt S. 36 ff.
[13] Art. XVI Déclaration des droits de l'homme et du citoyen von 1789, zit. nach Altmann S. 59.

II. Übersicht

Abweichend von obigen Verfassungsbegriffen enthält der formelle Verfassungsbegriff keine soziologischen, politischen und moralischen Elemente. Nach ihm ist die Verfassung ein in einer besonderen Urkunde enthaltenes Gesetz, das nur unter erschwerten Bedingungen abänderbar ist. Es gibt keinen Inhalt, der nicht in die Verfassungsurkunde Eingang finden könnte.

Demgegenüber stellt der materielle Verfassungsbegriff auf den zu regelnden Inhalt ab. Geregelt werden in einer positiven Rechtsnorm, über deren Form nichts ausgesagt wird, das Verhältnis der obersten Staatsorgane zueinander, die Staatsfunktionen und das Verhältnis des Bürgers zum Staat[14]. Diese Materien werden üblicherweise in die geschriebene Verfassung aufgenommen. Doch auch ein Staat ohne geschriebene Verfassung hat eine solche rechtliche Grundordnung. Dieser weitgehend anerkannte Verfassungsbegriff lag auch dem Abschnitt B[15] zu Grunde, der sich mit dem Zeitpunkt beschäftigte, in dem eine grundlegende staatliche Organisation zu schaffen war. Schon hier sei angemerkt, daß es nur fließende Grenzen zwischen Gesetzgebungs- und Verfassungsmaterie gibt.

Einen engen, schärfer umgrenzten Kernbereich aus dem materiellen Verfassungsrecht will der Begriff „Verfassung im absolut materiellen Sinne" umschreiben[16], der sich etwa mit dem sogenannten positivrechtlichen Verfassungsbegriff deckt[17]. Die Eingrenzung ergibt sich aus normlogischen Erwägungen. Die Organe und das Verfahren der Gesetzgebung müssen von einer Norm im Range über dem einfachen Gesetz bestimmt werden. Diese höchste staatliche Zuständigkeitsordnung ist die Verfassung im absolut materiellen Sinne oder mit den Worten Kelsens die positivrechtliche Verfassung.

Hiervon unterscheidet Kelsen die Verfassung im rechtslogischen Sinne[18]. Damit bezeichnet er die Grundnorm, die vorausgesetzt werden muß, damit der verfassunggebende Akt objektiv als normerzeugender Akt gedeutet werden kann.

Wie aus Andeutungen im Zusammenhang mit dieser Übersicht schon hervorgegangen sein mag, schließen sich nicht alle diese Verfassungsbegriffe gegenseitig aus. Ihr Zusammenhang sein nunmehr genauer dargestellt.

---

[14] Hatschek, StR S. 8.
[15] S. 2 ff.
[16] Fleiner / Giacometti S. 23; Giacometti S. 21.
[17] Kelsen, AllgStL S. 249.
[18] Kelsen, RR S. 200 ff.; AllgStL S. 248 ff.

III. Überpositive Verfassungsbegriffe

1. Rechtsprechung

In der Rechtsprechung hat sich der BayVGH[19] am entschiedensten und klarsten zum Naturrecht bekannt: „Es gibt Verfassungsgrundsätze, die so elementar und so sehr Ausdruck eines auch der Verfassung vorausliegenden Rechtes sind, daß sie den Verfassungsgesetzgeber selbst binden und daß andere Verfassungsbestimmungen, denen dieser Rang nicht zukommt, wegen Verstoßes gegen sie nichtig sein können[20]." Daraus ergibt sich, daß eine Verfassungsbestimmung selbst nichtig sein kann, obwohl sie Bestandteil der Verfassung ist.

Das BVerfG[21] und der BGH[22] haben sich der Ansicht des BayVGH angeschlossen. Unter Berufung auf Radbruch[23] läßt das BVerfG[24] nur bei einem unerträglichen Widerspruch das Gesetz der Gerechtigkeit weichen. Nur in extremen Fällen verdiene die materielle Gerechtigkeit vor der Rechtssicherheit den Vorzug. Für nahezu unmöglich hält es das BVerfG, daß ein freiheitlich-demokratischer Gesetzgeber die äußersten Grenzen der Gerechtigkeit überschreitet, und schwächt damit seine eigene Aussage[25] stark ab.

2. Literatur

a) von Hippel

Als markantester Vertreter der heutigen Naturrechtslehre ist von Hippel zu nennen. Sein Begriff der moralischen Weltverfassung[26] stimmt sachlich mit dem natürlichen und göttlichen Recht überein[27]. Die Verfassung menschlicher Gemeinschaften könne nicht ohne Hinblick auf die Verfassung des Kosmos gedacht werden[28]. Die geschriebene Verfassung sei nur ein Teil der Rechtsverfassung überhaupt. Diese Rechtsverfassung als Versuch einer sinnvollen Grundordnung für konkretes menschliches Zusammenleben in Raum und Zeit erhalte rechtliche Verbindlichkeit nur dadurch, daß sie der moralischen Weltverfassung entspreche[29]. von Hippel versucht indessen nicht, unmittelbar

---

[19] E 3, 28 ff., 47 f.; 11, 127 ff., 133.
[20] Zustimmend Friesenhahn S. 22.
[21] E 1, 14 ff., 32.
[22] BGHZ 11, Anhang S. 34 ff., 40.
[23] Radbruch S. 353.
[24] E 3, 225 ff., 232 f.
[25] E 1, 33.
[26] von Hippel, VVDStRL H. 10, S. 1 ff.
[27] S. 25.
[28] S. 3.
[29] S. 10.

geltende Normen aus der Gesamtheit des Kosmos' abzuleiten, etwa wie die ältere Naturrechtslehre von allgemeinen Prinzipien her mit logischer Notwendigkeit konkrete Einzelregelungen deduziert habe[30]. Zur Entstehung von Recht müsse es zu einer Verbindung der positiven Setzung mit der moralischen Weltverfassung kommen[31]. Zu den ungeschriebenen Voraussetzungen der Rechtsverfassung rechnet von Hippel z. B. die Grundidee der Gerechtigkeit[32], die Idee der Wahrheit[33], das Gute[34]. Aus dem Verhältnis der positiven Setzung zur moralischen Weltenordnung ergebe sich, daß jede Verfassung, welche in ihrer Grundintention nicht dem Guten diene, eine bloße Zwangsordnung ohne Rechtscharakter sei[35].

b) Bachof

Auf von Hippel bezieht sich Bachof in dem Teil seiner Abhandlung „Verfassungswidrige Verfassungsnormen", der den Verstoß einzelner Verfassungsartikel gegen überpositives Recht zum Gegenstand hat[36]. Auch Bachof lehnt es ab, alle Postulate der Vernunft, der Natur, der Religion oder des Sittengesetzes als geltendes Recht anzusehen[37]. Andererseits genüge die Positivität einer Verfassung zur Geltung nicht. Zur Positivität der Verfassung als Plan und Ausdruck wirklicher Macht müsse Verbindlichkeit hinzukommen[38]. Verbindlichkeit liege nur vor, wenn der Gesetzgeber sich vom Streben nach Gerechtigkeit leiten lasse. Maßstab für die Gerechtigkeit dürfe nicht die subjektive Auffassung des Richters, sondern müsse die communis opinio aller billig und gerecht denkenden Menschen sein[39]. Bachof sieht die Gefahr, die mit dem übergesetzlichen Recht für die Rechtssicherheit verknüpft ist[40] und sieht darum im Rückgriff auf das übergesetzliche Recht die ultima ratio des Rechtsstaates[41].

---

[30] Abweichend sieht Even, VerhDBT 1968, 174. Sitzung S. 9366 (D) das Widerstandsrecht, Art. 20 IV GG, als geltendes Recht unabhängig von einer Positivierung an.
[31] S. 11, HdBDStR II S. 547 ff.
[32] S. 17.
[33] S. 14.
[34] S. 18.
[35] S. 23.
[36] S. 27 ff., 45 ff.; zustimmende Besprechung bei Wolff, DVBl. 52, 31.
[37] S. 29.
[38] Ähnlich Heller, Souveränität S. 51, StL S. 278, der die Verpflichtungskraft des Rechts aus der Verbindung sittlicher Rechtsgrundsätze und der Verpflichtungskraft der Gemeinschaftsautorität herleitet.
[39] Bachof S. 54.
[40] S. 53.
[41] S. 55.

Zum Rechtsgehalt dieses überpositiven Rechts gehöre die Durchsetzbarkeit[42]. Darin sieht Bachof ein grundsätzliches Argument für die richterliche Zuständigkeit, Verfassungsnormen auf ihre Übereinstimmung mit überpositivem Recht zu überprüfen[43]. Bei der Auslegung der einschlägigen Verfahrensbestimmungen, Art. 93 I Ziff. 2, 100 I GG hält er es für richtig, unter den Begriff „Grundgesetz" alles materiell in die Verfassung einbezogene und von ihr vorausgesetzte Recht zu subsumieren[44].

c) Kägi

Für Kägi wurzelt die Verfassung in dauernden Grundwerten[45]. Dazu rechnet er die Grundrechte, die Gewaltenteilung, die demokratische Staatsform[46]. Diese Grundwerte bänden auch die verfassunggebende Gewalt[47]. Dem Abbau der Verfassung, den er als Krise des Rechts- und Staatsgedankens[48] analysiert und bekämpft, stellt er die Selbstherrlichkeit des Normativen in kompromißloser Absolutheit gegenüber. Auch der pouvoir constituant sei gebunden[49]. Eine Staatslehre, die sich mit der Systematisierung der jeweiligen Machtgebote begnüge, lehnt Kägi ab[50]. Die „ewigen", „unveränderlichen"[51] Grundwerte würden vom heutigen Rechtsetzer nicht erzeugt. Dieser finde Normen vor, die er anerkenne und durch die von ihm geschaffene Verfassungsordnung zu verwirklichen und zu schützen suche. Demgemäß bestehe die Verfassung nicht nur aus einem Inbegriff von Artikeln. Zu ihr gehörten auch eine größere Zahl ungeschriebener Rechtssätze[52].

d) Haug

Die Wissenschaftlichkeit der Werturteile behauptet Haug in seinem Werk „Die Schranken der Verfassungsrevision"[53]. In den letzten Bezügen, so gesteht Haug ein, rühren die Werte an die Vorstellungen des Glaubens[54]. Als Axiome legt er sie einer Wissenschaft zu Grunde, die die wahre Ordnung der Werte erkennbar mache. Eines seiner Axiome

---

[42] S. 52 unter Berufung auf Kelsen, VVDStRL H. 5, S. 78.
[43] S. 47 ff.
[44] Zustimmend Holtkotten, BK Art. 93, Anm. B 2 i β.
[45] Kägi, Verfassung S. 57, 79, pass.
[46] S. 16 f.
[47] S. 57.
[48] S. 16 f.
[49] S. 158.
[50] S. 57.
[51] Ausführungszeichen bei Kägi.
[52] Partialrevision S. 816 a ff.
[53] Haug S. 12 ff.
[54] S. 15.

III. Überpositive Verfassungsbegriffe

ist die Selbst- und Letztwertigkeit des Menschen. Diese könne nicht gefolgert und bewiesen werden, sondern sei dem Subjekt Mensch als Wahrheit aufgegangen. Aus dieser „aufgegangenen Wahrheit" will er „höchst rationale Folgerungen" ziehen[55]. Die positive Verfassung habe diese Werte zu verwirklichen[56] Zu den formalen Werten gehöre die Folgerichtigkeit, Widerspruchslosigkeit und Geschlossenheit, zu den materialen die Gerechtigkeit und die historischen Vorgegebenheiten[57] Am Anfang einer Verfassung steht jedoch auch für Haug ein realer politischer Wille[58]. Die höchste, verfassunggebende Gewalt bedürfe einer ethischen Rechtfertigung[59]. Eine wertfreie Grundnorm im Sinne Kelsens lehnt er ab[60] Die ethischen Normen, die den Verfassunggeber legitimierten, seien Wertbegriffe, welche die „oberste Autorität" begründeten[61]. Als solche Legitimitätsprinzipien zählt er die demokratische, monarchische und aristokratische Legitimität auf, „also Wertbegriffe... auf dem Boden allgemeiner Zustimmung"[62].

e) Allgemein: Legitimität einer Verfassung

Es können nicht alle Autoren erwähnt werden, die vor- und überstaatliche Rechte und das Naturrecht anerkennen oder die verlangen, eine Verfassung müsse zu ihrer Rechtsverbindlichkeit dem Wohl der Gemeinschaft dienen oder den Normen der Gerechtigkeit und Moral entsprechen[63]. Der allgemeinste Begriff, der in diesem Zusammenhang recht häufig verwendet wird, ist der der Legitimität. Darunter lassen sich die unterschiedlichsten Anforderungen zusammenfassen, die an das positive Recht herangetragen werden. Der Legitimitätsbegriff[64] läßt sich darum sinnvoll nur negativ umschreiben, nämlich als „Rechtmäßigkeit, gemessen an Maßstäben außerhalb des positiven Rechts"[65].

3. Die überpositiven Menschenrechte und das Grundgesetz

Zum Abschluß sei der Ausgangspunkt des Grundgesetzes geschildert. In Art. 1 II „bekennt" es sich „zu den unverletzlichen und unveräußer-

---

[55] S. 16.
[56] S. 11.
[57] S. 191.
[58] S. 89.
[59] S. 91.
[60] S. 90.
[61] Anführungszeichen bei Haug.
[62] S. 91.
[63] Bridel / Moor S. 42; Hauriou S. 297 f.; von der Heydte, VVDStRL H. 10, S. 53; Mallmann, JZ 51, 245; Maunz, DöV 53, 646; Rümelin S. 30 f. m. w. N. bei Stern, BK Art. 100 (Zweitbearbeitung 1967) Rn. 65, 108.
[64] Dazu Steiner S. 27 ff.
[65] Hoffmann, Dt. Teilung S. 32.

lichen Menschenrechten als Grundlage jeder menschlichen Gemeinschaft, des Friedens und der Gerechtigkeit in der Welt". „Bekennen" kann man sich nur zu einem Glauben oer einer Überzeugung, zu etwas bereits Vorhandenem. Das Grundgesetz will mit seinem Bekenntnis die Menschenrechte nicht schaffen, sondern setzt ihre Geltung voraus[66]. Die Konkretisierung in Einzelnormen ist vom Selbstverständnis des Grundgesetzes aus als Anerkennung ohne konstitutive Bedeutung anzusehen[67]. Das Recht, an das Art. 20 III den Richter bindet, kann neben dem Gesetz nur als vorstaatliches Recht angesehen werden[68].

4. Kritik

a) Immanente Kritik

Widersprüche und terminologische Unklarheiten bei den soeben behandelten naturrechtlichen Auffassungen geben zunächst Anlaß zu einer immanenten Kritik.

Ein Vertreter des Naturrechts weicht von seinen eigenen Voraussetzungen ab, wenn er sich auf eine positive Vorschrift beruft, um die Geltung des Naturrechts zu begründen. Unbrauchbar, weil in sich widersprüchlich, sind daher sämtliche Stellungnahmen, die sich auf Art. 1 II GG berufen, um das Vorhandensein vorstaatlicher Menschenrechte darzulegen[69]. Am auffälligsten kommt diese Widersprüchlichkeit bei Mallmann[70] zum Ausdruck. Art. 1, 3, 20 III sieht er als überpositives Recht an, das positiviert worden sei. Dem Richter sei es „dadurch" verboten, gewissenloser Gesetzesknecht zu sein. Mit anderen Worten: Auf Grund positiven Rechts braucht sich der Richter nicht immer an positives Recht gebunden zu fühlen.

Der Widerspruch bei Bachof ist kaum weniger auffällig. Bestimmte Wertvorstellungen der Vernunft, der Natur, des Sittengesetzes usf. werden zutreffend als Postulate bezeichnet[71], die als Postulate eben kein geltendes Recht sind. Dann heißt es, zur Geltung gehöre die Positivität[72]. Überraschend ist es, bald darauf zu lesen, die Einbeziehung

---

[66] Bachof, Verfassungsnormen S. 27; Dürig, AöR 79, 68; Giese / Schunck, Vorbem. II vor Art. 1; Hamann / Lenz, Art. 1 Anm. 7; Laux S. 118; Mallmann, JZ 51, 245; von Mangoldt / Klein, Art. 1 Anm. IV 3; Maunz / Dürig / Herzog, (Dürig) Art. 1 Rn. 2, 73 ff.; Wernicke, BK Art. 1 (Erstbearbeitung) Anm. II 3 f.; Zippelius, BK Art. 1 (Zweitbearbeitung) Rn. 43.

[67] Bachof, VVDStRL H. 10, S. 64.

[68] Mallmann aaO.

[69] Richtig Scheuner, VVDStRL H. 22, S. 47, bes. Fn. 136; anders von Mangoldt / Klein, Art. 1 Anm. IV 3, Bachof, Verfassungsnormen S. 27.

[70] JZ 51, 245 f.

[71] Verfassungsnormen S. 29.

[72] S. 28.

übergesetzlichen Rechtes in die Verfassung sei deklaratorisch und habe keine konstitutive Bedeutung[73].

Wertvorstellungen, die in das positive Recht Eingang gefunden haben, gelten kraft positiven Rechts. Sie verlieren ihren überpositiven Charakter[74]. Sollte das GG, wie Bachof[75] behauptet, metaphysische Wertungen in das Verfassungssystem einbezogen haben, so gelten diese kraft der im GG enthaltenen Rezeptionsklausel als positives Recht und sind vom Rechtsschicksal der Rezeptionsklausel abhängig.

Aus ähnlichen Gründen kann auch der Auffassung von Hippels nicht gefolgt werden, nach der es zur Verbindlichkeit einer Rechtsnorm zu einer Verbindung des Naturrechts mit der Satzung einer politischen Grundmacht kommen müsse. Entweder kann von Hippel die Normen des Makrokosmos' als geltend voraussetzen. Dann bedarf es einer positiven Satzung nicht mehr. Oder er kann die Satzung einer politischen Grundmacht als geltendes Recht ansehen. Dann muß jedoch die Geltung der aus dem Makrokosmos abgeleiteten Normen verneint werden. Naturrechtliche und gesetzte Normen können nicht gleichzeitig als geltend angesehen werden[76]. von Hippel behauptet nicht, konkrete Gestaltungen aus allgemeinen Prinzipien des Naturrechts ableiten zu können. Aus denselben Gründen müßte es ihm unmöglich sein, Normen der Gerechtigkeit anzugeben, die der Geltung einer positiven Norm entgegenstehen könnten[77].

b) Erkennbarkeit eines allgemeingültigen Wertsystems

Da die Vertreter verfassungsmetaphysicher Normen sich nicht auf gesetzte Normen berufen können, stehen sie vor der Schwierigkeit, ein allgemeingültiges Wertsystem wissenschaftlich zu begründen. Wenn von Hippel von einem „Meer des Unsichtbaren" schreibt, in dem die Verfassung „schwimmt"[78], also etwas Erkennbares nicht greifbar ist, so dürften Folgerungen für die Geltung positiver Normen ausgeschlossen sein. Eine communis opinio, die Bachof[79] als Maßstab angibt, mag mit großen Schwierigkeiten empirisch zu ermitteln sein. Aber letztlich muß doch der Richter, was Bachof gerade ablehnt, subjektiv darüber entscheiden, ob es auch „billig und gerecht denkende Menschen sind", die

---

[73] S. 30.
[74] Kelsen, AllgStL S. 155.
[75] Verfassungsnormen S. 27; ähnlich Wernicke, BK Art. 1 (Erstbearbeitung) Anm. II 3 f.
[76] Kelsen, RR S. 357 ff., 361.
[77] Kritisch auch Herrfahrdt, VVDStRL H. 10, S. 55; Krüger, VVDStRL H. 10, S. 63 f.; Nawiasky, VVDStRL H. 10, S. 54 f.
[78] VVDStRL H. 10, S. 12.
[79] Verfassungsnormen S. 54.

dieser communis opinio anhängen. Eine communis opinio kann durchaus auch Ungerechtes gutheißen.

Wenn Haug erklärt, er gehe von gewissen unbeweisbaren Axiomen aus[80], ist diese Klarstellung als wissenschaftlich korrekt zu begrüßen. Leider bleibt eine überzeugende Ableitung von einzelnen, klar erkennbaren Werten aus, an denen man einzelne positive Vorschriften messen könnte. Gar nicht in seine methodischen Voraussetzungen paßt es, wenn er Wertvorstellungen, die nicht miteinander zu vereinbaren sind, wie die monarchische, aristokratische und demokratische Legitimität auf allgemeine Anerkennung gründet. Auf ein Axiom lassen sie sich freilich wegen ihrer Gegensätzlichkeit nicht zurückführen. Die Zustimmung breiter Bevölkerungskreise ist etwas anderes als das Vorgegebensein von Werten, die den Verfassunggeber binden. Ein überzeugendes, wissenschaftlich erarbeitetes Wertsystem bietet auch Haug nicht[81].

Indessen soll hier ein gewisser Bestand von Wert- und Rechtsvorstellungen, über die in einem Volk weitgehend Einigkeit besteht, nicht bestritten werden. Der Umfang, in dem der Verfassunggeber Einigkeit über bestimmte Werte vorfindet, hängt vom Grade religiöser und weltanschaulicher Homogenität ab. Doch auch scheinbar konstante Wertvorstellungen unterliegen geschichtlichem Wandel. Die Gleichberechtigung von Mann und Frau, die seit dem vorigen Jahrhundert mehr und mehr als Menschenrecht angesehen wird, hat erst vor kurzem in die schweizerische Bundesverfassung Eingang gefunden[82]. Von einer bloß deklaratorischen Anerkennung eines schon immer vorhandenen Frauenstimm- und Wahlrechts ist nicht die Rede gewesen, obwohl diese Ansicht von Anhängern überpositiven Rechts zu erwarten gewesen wäre.

Wie eingangs schon beobachtet wurde, tritt der pouvoir constituant jedoch vornehmlich in politisch bewegten Zeiten in Erscheinung, in denen Kräfte mit gegensätzlichen Wertvorstellungen um die politische Macht ringen. Es gibt Revolutionen, aus denen neue Verfassungsordnungen hervorgegangen sind, die sich vom überkommenen kulturellen Werk vieler Generationen radikal abgewandt haben. So brach Kemal Atatürk radikal mit der islamischen Tradition, als er für die Türkei eine parlamentarisch-demokratische Regierung nach westlichem Vorbild schuf[83]. Hesse[84] schreibt, das Kriterium für eine legitime Ordnung sei die bewährte Tradition, aber auch ihr Gegenteil: geschichtliche Erfahrungen, die erwiesen hätten, was nicht „richtig"[85] sei.

---
[80] S. 15 ff.
[81] Kritisch auch Ehmke, Grenzen S. 71 ff.; Henke S. 154 f.
[82] AdG 1971, 16055 B.
[83] Herrfahrdt, Staatsgestaltungsfragen S. 4.
[84] Grundzüge, 10. Aufl. S. 10.

Damit drängt sich die Frage auf: Wer bestimmt darüber, ob die bewährte Tradition richtig ist oder ob die geschichtlichen Erfahrungen die Unrichtigkeit der überkommenen Ordnung ergeben haben? Eine solche Entscheidung ist erforderlich, da eine wissenschaftliche Erkenntnis nicht möglich ist.

c) Notwendigkeit einer entscheidenden Autorität

Über das, was Recht ist, entscheidet die zur Rechtsetzung berufene Autorität, die verfassunggebende Gewalt. Das Recht ist eine vom Staat autoritativ gesetzte Zwangsnorm. Damit ließe es sich nicht vereinbaren, wenn Rechtsgenossen oder Richter befugt wären, die Verbindlichkeit des Rechts an außerrechtlichen Maßstäben zu messen. Die Anschauungen über Naturrecht, Menschenrechte und Gerechtigkeit können weder als Recht noch als Bestandteile des Rechts angesehen werden[86]. Für Richtigkeit und Zweckmäßigkeit gilt dasselbe[87]. Die rechtliche Verbindlichkeit einer Norm kann nicht aus Normen anderer Art abgeleitet werden. Bei einem syllogistischen Schluß muß der Folgesatz schon in den Vordersätzen enthalten sein[88]. Aus überpositivem Recht ist positives Recht nicht ableitbar.

d) Stellungnahme zum Bekenntnis des GG

Im Bekenntnis des Art. 1 II GG zur Unverletzlichkeit und Unveräußerlichkeit der Menschenrechte könnte die Absicht des Verfassunggebers gesehen werden, sie vor dem Zugriff des verfassungsändernden Gesetzgebers zu schützen. Ein solches Änderungsverbot wäre von erheblicher Bedeutung, da Art. 79 III GG nur die Grundsätze der Art. 1 und 20 GG, jedenfalls nicht die der Art. 1 bis 20 GG für unabänderbar erklärt. Indem das GG übergesetzliche Menschenrechte anerkennt, rechnet es sie einer Rechtsordnung zu, die nicht der Disposition des staatlichen Gesetzgebers unterliegt. Diese Konzeption muß auf Grund des bereits gewonnenen Ergebnisses abgelehnt werden. Doch ließe sich die Zurechnung der Menschenrechte zum überpositiven Recht umdeuten in ein positivrechtliches Änderungsverbot.

---

[85] Anführungszeichen bei Hesse.
[86] Apelt, NJW 52, 3; Burckhardt S. 230 f.; Elgeti S. 12; Kelsen, RR S. 357 ff.; Krüger VVDStRL H. 10 S. 63; Loewenstein, DöV 54, 386 f.; Merkl ZaöRVR V, S. 501, 508; Nawiasky, AllgRL S. 24 f., VVDStRL H. 10 S. 54; C. Schmitt, VerfL S. 87; Thoma HdBDStR II S. 139; Vezanis S. 148; Voigt VVDStRL H. 10 S. 45 mit Einschränkungen.
[87] Burckhardt S. 165, 171; Curtius S. 51 f., Henrich S. 192 f., Kelsen, RR S. 112; C. Schmitt, VerfL S. 9, 22; a. A. Haug S. 192 ff. 203.
[88] Burckhardt S. 194.

C. Die Verfassungsbegriffe

Dürig sieht in Art. 1 II GG eine Norm, die zu der Einsicht zwinge, „daß ein bestimmter Gehalt jedes Einzelfreiheitsrechtes im überstaatlichen Recht wurzelt"[89]. In jedem Einzelgrundrecht stecke eine absolute Wertgrenze, an der jede staatliche Verfügungsmacht scheitere[90].

Parallele Folgerungen von einem positivistischen Ausgangspunkt sind nicht von vornherein ausgeschlossen. Nach der hier vertretenen Auffassung muß danach gefragt werden, welche Grundrechtsgehalte der Verfassunggeber durch Art. 1 II GG als unverletzlich eingestuft habe. Eine eigenständige Bedeutung des Abs. 2 neben Abs. 1 des Art. 1 GG weist Dürig für die Schrankenproblematik aber nicht nach. Im Gegenteil schreibt er selbst, dem Rechtswert der Menschenwürde, Art. 1 I GG, entspreche der Menschenrechtsgehalt der Einzelgrundrechte, Art. 1 II GG[91]. Dann ist Art. 1 II GG nicht geeignet, über die Änderungsschranke des Art. 79 III, 1 I GG zusätzliche Unabänderlichkeiten im Grundrechtskatalog zu begründen. Im übrigen muß auf die Schwierigkeiten hingewiesen werden, die bei dem Versuch auftreten, in Art. 1 II eine Rezeptionsklausel ethischer Normen in staatliches Recht zu sehen. Die bei den einzelnen Autoren willkürliche und zufällige Gegenüberstellung von Grundrechten vorstaatlichen Ursprungs mit staatsgegebenen Rechten und die unterschiedlichen Aufzählungen der Grundrechte, die Ausdruck eines Menschenrechtes sein sollen[92], beweisen am besten die Unmöglichkeit festzustellen, was dem GG als überstaatliches Recht erschienen sein mag[93]. Auch die Gegenüberstellung der Deutschenrechte, Art. 8, 9, 11, 12, 16 mit Grundrechten, die allen zustehen, ist mit Ausnahme des Art. 16 innerlich kaum gerechtfertigt[94].

Allein aus Art. 79 III in Verbindung mit den Grundsätzen der Art. 1 und 20 GG, also aus positivem Recht, kann sich die Unabänderlichkeit einzelner Grundrechtsbestimmungen ergeben. Aus dem in Art. 1 II enthaltenen Bekenntnis lassen sich weitere Schranken nicht herleiten.

Das Bekenntnis des Art. 1 II GG ist ohne rechtliche Bedeutung[95]. Das Bekenntnis zu den Menschenrechten enthält das Motiv[96], aus dem die Grundrechte geschaffen wurden.

---

[89] Maunz / Dürig / Herzog (Dürig) Art. 1, Rn. 81.
[90] Maunz / Dürig / Herzog (Dürig) Art. 1 Rn. 80.
[91] aaO Art. 1 Rn. 79 f.; Art. 79 Rn. 42.
[92] Hamann / Lenz, Art. 79 Anm. 9; Hesse, Grundzüge S. 119; Koellreutter S. 97; von Mangoldt / Klein Vorbem. B IV 3 vor Art. 1.
[93] Dazu Kelsen, RR S. 226.
[94] So auch Maunz, StR S. 96.
[95] Zum rechtlich irrelevanten Inhalt eines Gesetzes Kelsen, RR S. 53 f.
[96] Nawiasky, Grundgedanken S. 21.

IV. Idealbegriff der Verfassung

5. Ergebnis

Sämtliche Vorschriften des GG sind durch einen rechtsetzenden Akt geschaffen worden. Da es überpositives Recht nicht gibt, ist ein überpositiver Verfassungsbegriff kein Rechtsbegriff.

IV. Idealbegriff der Verfassung

1. Schilderung

Mit dem überpositiven Verfassungsbegriff weist der Idealbegriff der Verfassung eine Reihe von Gemeinsamkeiten auf, so daß eine scharfe Abgrenzung nicht möglich ist. Bei beiden Begriffen hat die Verfassung bestimmten Anforderungen zu genügen, die nicht zum positiven Recht gehören. Die Postulate, die an die Verfassung herangetragen werden, sind politischen Ursprungs, ohne immer im Gewande des Naturrechts aufzutreten. Beim Idealbegriff der Verfassung wird diese als bewußt geschaffene Ordnung angesehen, nur wird ein Normenkomplex, der bestimmten Anforderungen nicht entspricht, nicht als Verfassung anerkannt. Dieser Verfassungsbegriff ist hauptsächlich von historischer Bedeutung. Er war polemisch gegen den Fürstenstaat gerichtet. Das Bürgertum des 18. und 19. Jahrhunderts forderte eine Verfassungsurkunde, in der die Menschenrechte und der Gewaltenteilungsgrundsatz verwirklicht werden. Die um die Macht kämpfenden Gruppen können beliebige weitere Forderungen aufstellen, die erfüllt sein müssen, damit sie die rechtliche Grundordnung des Staates als „Verfassung" anerkennen, etwa die Beteiligung des Volkes an der Gesetzgebung durch Wahlen in die Volksvertretung, das freie Mandat, das imperative Mandat und dergleichen mehr. Gegensätzliche Verfassungsideale der verschiedenen politischen Kräfte werden zum Begriffsmerkmal der Verfassung erhoben. Jeder kann der Verfassung ihr Verfassungsqualität absprechen, wenn sie seinen Idealen nicht entspricht.

In der Literatur der Gegenwart verlangt Loewenstein[97] im Sinne des klassischen Verfassungsbegriffs der französischen Revolution für eine „echte" Verfassung eine bestimmte Zielsetzung. Die Ausübung der politischen Macht müsse an gewisse Regeln und Verfahren gebunden werden. Den Machtadressaten sei ein legitimer Anteil am Machtprozeß zu gewähren.

Auf die Beschränkung der Macht durch die geschriebene Verfassung kommt es auch Ehmke[98] an. Die Verfassung solle die Macht rationalisieren, Einsicht in die allgemeinen Angelegenheiten ermöglichen und

---

[97] VerfL S. 127 ff. 129.
[98] Grenzen S. 84 ff.

damit die Voraussetzungen für die freie Gestaltung des politischen Lebens überhaupt schaffen[99]. Die staatlichen Funktionen seien zu trennen. Nur eine scharfe Abgrenzung der Kompetenzen mache die staatlichen Lebensvorgänge transparent[100].

Loewenstein und Ehmke ziehen aus ihren Ansichten klare Konsequenzen. Eine Verfassung, die es unterlasse, Aufteilung und Begrenzung der Herrschaftsmacht zur Institution zu erheben, läßt Loewenstein nicht als „echte" Verfassung gelten[101]. Als Beispiel für eine unechte Verfassung zitiert er Art. 5 der Äthiopischen Verfassung: „In dem Äthiopischen Reich liegt die oberste Gewalt beim Kaiser." Warum er nicht eine der zahlreichen Verfassungen anführt, die diese Gewalt dem Volke zuschreiben, ist nicht erkennbar. Ehmke[102] meint, der Begriff der Verfassung werde in seiner eigentlichen Bedeutung verkannt, wenn man beispielsweise von der Verfassung einer Diktatur spreche. Sie organisiere zwar ihre Macht, aber nicht im Sinne einer Beschränkung.

2. Kritik

Die zitierten Autoren gaben keine Begründung dafür an, warum nur Elemente des bürgerlichen Rechtsstaates zu ihrem Verfassungsbegriff gehören. Der politischen Verwendungsfähigkeit eines verfassungsrechtlichen Idealbegriffs entspricht seine rechtswissenschaftliche Unbrauchbarkeit. Soweit sich diese nicht schon aus den aufgezeigten absurden Konsequenzen ergibt, ist auf das zu verweisen, was zu naturrechtlich verbrämten politischen Postulaten vorgetragen wurde. Ideale, Wünsche und Interssen sind zwar für den Verfassunggeber leitende Motive. Ohne den Akt der Verfassunggebung sind sie aber kein Recht. Es kann sich in einem bestimmten Kulturkreis ein Idealtypus herausbilden, nach dem sich der Verfassunggeber richtet. So haben die meisten europäischen Staaten in schriftlichen Verfassungen ein System genau umschriebener Kompetenzen zum Schutz des Bürgers gegen den Mißbrauch der Staatsgewalt geschaffen[103]. Dieser Idealtypus ist jedoch für den Verfassunggeber ebensowenig verbindlich wie Menschenrechtsvorstellungen und ethisch-moralische Normen. Eine Vermischung von Idealen mit positivem Recht führt in die Irre. Es gäbe dann ebensoviele Verfassungsbegriffe wie politische Prinzipien und Überzeugungen[104].

---

[99] S. 88 f.
[100] S. 122.
[101] Verfassungslehre S. 129.
[102] Grenzen S. 87 f.
[103] Henrich S. 206; Maunz, StR S. 37; C. Schmitt, VerfL S. 40 f.
[104] C. Schmitt, VerfL S. 37.

Die Anhänger eines verfassungsrechtlichen Idealbegriffs bleiben eine Erklärung darüber schuldig, wie die rechtliche Grundordnung einer absoluten Monarchie, einer Diktatur oder eines sonst gewaltenhäufenden Staates rechtlich einzuordnen ist. Wenn nach terminologischem Belieben die materielle Verfassung dieser Staaten einfach nicht als Verfassung bezeichnet wird, ist eine theoretische Aussage damit nicht verbunden, und ein Gegenbeweis erübrigt sich. Falsch ist es jedenfalls, bei einer verfassungsrechtlichen Einzelfrage die Lösung aus einem Idealbegriff außerhalb des positiven Verfassungsrechts abzuleiten.

Insbesondere wäre nichts schädlicher für die Lösung des Problems, welchen Bindungen der verfassungsändernde Gesetzgeber unterliegt. Man kann nicht behaupten, es liege schon im Wesen einer Verfassung, die Staatsgewalt und damit auch den verfassungsändernden Gesetzgeber zu beschränken.

Verfassungsideale gehören nicht zum positiven Recht. Weder der historische Verfassunggeber noch der verfassungsändernde Gesetzgeber sind an sie gebunden.

V. Soziologische Verfassungsbegriffe

1. Denkbare Anknüpfungspunkte

Bei dem denkbaren Zusammenhang zwischen Tatsachen und Normen ist auf die Ansichten der Autoren einzugehen, die sich bewußt auf eine rein soziologische Fragestellung beschränken, also im Staat eine Seinstatsache sehen, in welchem sich kausal erklärbare Vorgänge abspielen. Ferner gehören hierher die Theorien, die das Recht in unlösbarer Verknüpfung mit Elementen der Wirklichkeit beschreiben. Erkenntnisse der Soziologie können für die Rechtswissenschaft bedeutsam sein. Bei einem soziologischen Verfassungsbegriff wird zu prüfen sein, welche seiner Elemente für rechtswissenschaftliche Zwecke Erkenntnisse ermöglichen[105].

2. Die tatsächlichen Machtverhältnisse als Verfassung in der Lehre Lasalles

a) Schilderung

Lasalle will das Wesen der Verfassung nach inhaltlichen Gesichtspunkten umschreiben. Keinen Aufschluß für den Begriff der Verfassung erhofft er sich von der Tatsache, daß ein beliebiges Blatt Papier

---

[105] Henrich S. 187; das entspr. Problem beim Staatsbegriff vgl. Hoffmann, Dt. Teilg. S. 16 f.

als Verfassung unterschrieben und ausgerufen werde[106]. Er hält die Verfassung für ein Gesetz, aber für mehr als ein Gesetz, das Grundgesetz des Landes. Auf diesen Unterschied kommt es ihm an[107]. Das Grundgesetz bilde den Grund für andere Gesetze, derart, daß sie nicht anders sein könnten, als sie eben seien. Sie seien kausal determiniert wie die Bahn der Planeten durch die Anziehungskraft der Sonne. Die „tätige Kraft, welche alle andern Gesetze ... mit Notwendigkeit zu dem macht, was sie eben sind"[108], sieht er in den tatsächlichen Machtverhältnissen eines Landes. Für ihn bilden der Einfluß des Adels bei Hof und König, die Industriellen, Banken und Börsen jeweils ein Stück Verfassung. Eine Verfassung in diesem Sinne habe jeder Staat, „denn in jedem Land müssen ja irgendwelche tatsächlichen Machtverhältnisse bestehen"[109]. Das Eigentümliche der modernen Zeit erblickt Lasalle demzufolge nicht in der wirklichen, sondern in der geschriebenen Verfassung[110]. Das Niederschreiben der tatsächlichen Machtverhältnisse bewirke, daß die bisher nur tatsächlichen Machtverhältnisse zu Recht geworden seien[111]. Die geschriebene Verfassung sei gut und dauerhaft, wenn sie „der wirklichen Verfassung, den realen ... Machtverhältnissen entspricht"[112].

b) Kritik

Es ist verständlich, daß der Politiker Lasalle in seiner durchaus wissenschaftlichen Argumentation sein Augenmerk ganz auf die Machtverhältnisse richtet. Die geringe Wirkungskraft von Rechtsnormen bringt er wiederholt mit dem Terminus „Blatt Papier" zum Ausdruck. Eine Antinomie zwischen soziologischer und rechtlicher Verfassung ist bei seiner Lehre nicht denkbar, da die geschriebene Verfassung, welche die realen Machtverhältnisse nicht zum Ausdruck bringe, unrettbar verloren sei[113]. Dementsprechend wenig Mühe wendet er auf zu erklären, wie Machtverhältnisse rechtliche Verbindlichkeit erlangen. Sein geringschätziger Hinweis auf das Niederschreiben dürfte kaum ausreichen, da unklar bleibt, wer zum Niederschreiben befugt ist[114].

Damit bleibt das Verhältnis des soziologischen Verfassungsbegriffs zum rechtlichen unklar. Einmal wird die Verfassung als Grund-Gesetz

---

[106] S. 16.
[107] S. 17.
[108] S. 18.
[109] S. 26.
[110] S. 27.
[111] S. 23.
[112] S. 31.
[113] S. 35 f.
[114] Kritisch auch Somló, S. 110.

und damit als Rechtsnorm aufgefaßt[115], an anderer Stelle ändert sich die Verfassung mit den realen Machtverhältnissen[116], ist also mit ihnen identisch, dann wieder müssen die realen Machtverhältnisse niedergeschrieben werden, um Rechtsnatur zu erlangen[117]. Lasalle übersieht, daß die Materie, die in der Verfassung geregelt wird, einen anderen Gegenstand als die einfache Gesetzgebung hat. So können sich die Machtverhältnisse im Arbeits- und Mietrecht bei gleichbleibender Verfassung tiefgreifend ändern. Die von Lasalle angestrebte Unterscheidung von Gesetz und Grundgesetz läßt sich mit seiner Gedankenführung nicht begründen.

Lasalles soziologischer Verfassungsbegriff ist für eine juristische Verwertbarkeit viel zu weit. Aus den in einem Lande bestehenden tatsächlichen Machtverhältnissen müssen zunächst die privaten Machtverhältnisse ausgeschieden werden. Auch eine Räuberbande, die weite Landstriche terrorisiert, übt Macht aus[118]. Ferner sind die auf das Staatswesen bezogenen Machtverhältnisse als Anknüpfungspunkt für einen juristischen Staatsbegriff unbrauchbar, soweit sie von Zufälligkeiten behaftet sind und sich täglich wandeln können, etwa durch die Neuwahl eines Parlaments[119]. Auf die in diesem Sinne verstandenen Machtverhältnisse mit dauerhaftem Bestand wird bei dem Problem, wie eine normative Verfassung entsteht, ebenso einzugehen sein wie bei der Frage nach dem Rechtsschicksal einer Verfassung, zu der die tatsächlichen Machtverhältnisse dauernd in Widerspruch stehen.

3. Somlós Verfassungsbegriffe

a) Schilderung

Somló entwickelt einen soziologischen und einen juristischen Verfassungsbegriff. Von dem soziologischen Verfassungsbegriff sagt er selbst, er habe eine soziale Tatsache, keine juristische zum Inhalt, nämlich die Verfassung, die den Inbegriff der Teile bilde, die die Rechtsmacht eines Staates ausmache[120]. Die Rechtsmacht definiert er als eine Institution der Tatsachen, die aus dem Flusse wechselnder Umstände herausgehoben sei. Zur Bildung einer solchen Institution müßten die Machtverhältnisse relative Beständigkeit erlangt haben[121]. Die Rechtsmacht sei die höchste Macht im Staate. Als solche könne man sie ein-

---

[115] Lasalle S. 17 f.
[116] S. 29.
[117] S. 23.
[118] Einwand Somlós S. 110.
[119] G. Jellinek, AllgStL S. 665.
[120] S. 310.
[121] S. 103.

stufen, wenn ein gewisser Kreis von Menschen imstande sei, Gebote gewöhnlich erfolgreicher als andere Mächte durchzusetzen[122]. Eine Verfassung in diesem Sinne habe jeder Staat[123]. Somló scheidet Machtschwankungen und Verschiebungen, die z. B. in den Tätigkeiten einzelner Personen begründet sind, aus seinem realen Verfassungsbegriff aus. Nicht auf den augenblicklichen Stand der Schwankung, sondern auf das Allgemeine und relativ Beständige kommt es ihm an.

Somló untersucht selbst das Verhältnis der Tatsachen, die er mit dem realen Verfassungsbegriff umschreibt, zum rechtsinhaltlichen Verfassungsbegriff. Darunter versteht er die „Rechtsnormen, welche die Quelle angeben, woraus Rechtsnormen fließen können"[124]. Unter Recht versteht er „die Normen einer gewöhnlich befolgten, umfassenden und beständigen höchsten Macht"[125]. Die tatsächlichen Machtverhältnisse seien für die Entscheidung der Frage maßgeblich, von wem eine Norm gesetzt sein müsse, um als Rechtsnorm zu gelten. Es sei eine petitio principii, diese Frage wieder mit einer Rechtsnorm zu beantworten[126]. Somlós soziologischer Verfassungsbegriff ist mithin ein Rechtsvoraussetzungsbegriff[127].

Von der Verfassung als Rechtsinhaltsbestimmung sagt er, diese vermöge zwar einen gewissen realen Druck zur Verschiebung der Machtverhältnisse bedeuten, sei aber im Falle eines Abweichens nicht imstande, sich an die Stelle des Voraussetzungsbegriffs der Verfassung zu setzen. Ausschlaggebend blieben immer die tatsächlichen Machtverhältnisse[128].

b) Kritik

Somlós Ansicht hat große Ähnlichkeiten mit der Lasalles, so daß in mancher Hinsicht auf obige Ausführungen verwiesen werden kann. Somló sieht wie Lasalle die Machtverhältnisse als Merkmale seines tatsächlichen Verfassungsbegriffs an, arbeitet jedoch einen engeren Begriff heraus, der brauchbarere Anknüpfungspunkte für eine juristische Betrachtung zu bieten verspricht. Somlós Versuch, den soziologischen Verfassungsbegriff zum rechtlichen in Beziehung zu setzen, reißt jedoch mehr Probleme auf, als er klärt. So bleibt ungelöst, welche

---

[122] S. 93.
[123] S. 309 f.
[124] S. 311.
[125] S. 105.
[126] S. 310 f.
[127] S. 310 f. Zu weit geht Heinrich S. 187 f. mit der Behauptung, Somló habe eingesehen, daß sich mit dem soziologischen Verfassungsbegriff rechtlich nichts anfangen lasse.
[128] Somló S. 310 ff.

Autorität befugt ist, den Normenkomplex zu schaffen, der für andere Rechtsnormen die Ursprungsnorm ist. Setzt man die Gedankengänge Somlós fort, gelangt man zu dem Ergebnis, daß Urheber dieser rechtsinhaltlichen Verfassung die Rechtsmacht sein muß. Demnach kann die Rechtsmacht, die in den Bereich der Tatsachen gehört, durch eine Rechtsnorm bestimmen, was als Rechtsnorm zu gelten hat. Dies führt geradezu auf die petitio principii, vor der Somló zuvor gewarnt hat. Da dieser Gedankengang zu einem Ergebnis führt, das Somló absurd nennt, bleibt nur eine Folgerung: Für die Verfassung als Quelle der Rechtsnormen bleibt neben dem Inbegriff der Rechtsmacht, der Verfassung als sozialer Tatsache, kein Raum mehr. Eine Identität der beiden Verfassungsbegriffe ist ausgeschlossen, da Tatsachen und Normen etwas Verschiedenes sind.

Leider findet man bei Somló keine überzeugende Erklärung, wie aus einer Tatsache eine Norm hervorgehen kann[129]. Die Frage, ob der Personenkreis, der Gebote gewöhnlich und erfolgreicher als andere Mächte durchzusetzen in der Lage ist[130], als verfassunggebende Gewalt in Betracht kommt, ist im Auge zu behalten. Nach der Lehre Somlós wird jedoch nicht eine Verfassung gegeben, sondern ein bestimmter Kern des politischen Lebens ist die Verfassung. Von einer verfassunggebenden Gewalt kann dann nicht die Rede sein.

4. C. Schmitts absoluter Verfassungsbegriff

a) Schilderung

Eindeutig bekennt sich C. Schmitt zu einem seinsmäßigen Verfassungsbegriff. Für ihn ist die staatliche Verfassung der Gesamtzustand politscher Einheit und Ordnung[131]. Diese politische und staatsrechtliche Einheit werde durch etwas Existenzielles, den Willen der verfassunggebenden Gewalt, begründet[132]. „Eine solche Verfassung ist eine bewußte Entscheidung, welche die politische Einheit durch den Träger der verfassunggebenden Gewalt für sich selber trifft und sich selber gibt[133]." Die Verfassung sei eine Entscheidung, keine Norm, kein Gesetz und infolgedessen auch kein Verfassungsgesetz[134]. Für die Weimarer Verfassung hebt Schmitt als grundlegende politische Entscheidungen hervor: die Entscheidung für die Demokratie, die Republik, die bundesstaatliche Struktur des Reiches, die parlamentarisch-repräsen-

---

[129] Kritisch auch Henrich S. 187 ff.
[130] Somló S. 93.
[131] VerfL S. 3 ff., 75.
[132] S. 9.
[133] S. 21.
[134] S. 23 f.

tative Form der Gesetzgebung und Regierung und den bürgerlichen Rechtsstaat mit Grundrechten und dem Prinzip der Gewaltenteilung[135]. Von diesen grundlegenden politischen Entscheidungen, der Verfassung, trennt er scharf die Verfassungsgesetze[136]. Diese seien nur durch das formale Merkmal der erschwerten Abänderbarkeit gekennzeichnet. Dieses Merkmal hält Schmitt zur Begriffsbestimmung der Verfassung für ungeeignet, weil aus dem Verfahren der Änderung das Wesen des geänderten Gegenstandes sich überhaupt nicht definieren lasse[137]. Bei den Verfassungsgesetzen handele es sich um sekundäre normative Regelungen. Sie hätten die grundlegenden existenziellen Entscheidungen zur Voraussetzung und erlangten Geltung erst auf Grund der Verfassung[138]. Die wichtigste Folgerung, die Schmitt aus dieser Unterscheidung zieht, ist die Unabänderbarkeit der Verfassung. Die Grundentscheidungen seien der Zuständigkeit der Revisionsinstanz entzogen. Nur die verfassunggebende Gewalt selbst könne sie aufheben[139]. Verfassungsgesetze könnten dagegen im Verfahren der Verfassungsänderung geändert werden.

Wiederholt betont Schmitt den Leitgedanken seiner Werke, die beherrschende Rolle der politischen Dezision gegenüber dem Normativen[140]. Für die Souveränität seien Durchbrechungen der Norm das Kriterium[141]. Im Willen als seinsmäßiger Größe sieht er den Ursprung des Sollens[142].

b) Kritik

Bei dieser in Umrissen geschilderten Lehre, die für eine Vielzahl der hier zu behandelnden Probleme bedeutsam ist, wird an dieser Stelle nur der angeblich seinsmäßige Charakter der Verfassung überprüft.

Im Gegensatz zu den bisher behandelten soziologischen Verfassungsbegriffen, mit denen bestimmte soziale Machtverhältnisse beschrieben wurden, ist bei einem Verständnis der Verfassung als Entscheidung die Frage nach dem entscheidenden Subjekt möglich. Urheber dieser Entscheidung ist die verfassunggebende Gewalt. Eine Entscheidung ist etwas Verlautbartes. Bei der einmal getroffenen Entscheidung bleibt es, bis sie durch eine neue aufgehoben wird. Schon bei dieser allgemeinen Aussage stößt man auf Schwierigkeiten, sich die Entscheidung

---

[135] S. 23 f.; ähnlich Wolff I § 25 II.
[136] S. 11.
[137] S. 19 f.
[138] S. 22 f.
[139] S. 26, 104 f.
[140] Nachweise B Fn. 7.
[141] S. 49, 107.
[142] S. 9.

ganz ohne normative Elemente vorzustellen. Sie ist ohne Sinnbezogenheit auf das Recht nicht denkbar[143]. Besonders schwierig ist die Vorstellung einer nichtnormativen Entscheidung für den Rechtsstaat[144]. Die Etikettierung der Verfassung als Entscheidung besagt nichts über ihren nur existenziellen Charakter, denn jeder Norm geht eine Entscheidung des Normsetzers voraus[145]. Unerfindlich bleibt, warum das Existenzielle auf Grundentscheidungen beschränkt sein soll[146]. Bei den zahlreichen unbegründeten Behauptungen Schmitts vermißt man besonders eine Erklärung darüber, wie man sich das „Beruhen" einer Norm auf Grundentscheidungen vorzustellen hat, die zum Existenziellen gehören. Mit einer konkreten politischen Entscheidung kann die Normativität des Verfassungsgesetzes nicht begründet werden[147]. Unklar bleibt, wessen Entscheidung gegenüber alle normativen Regelungen als sekundär anzusehen sind. In die Definition des Souveräns schleicht sich im Widerspruch zum Grundanliegen seines Werkes, die „Fiktion der Normativität"[148] zu bekämpfen, der zum Normativen gehörige Begriff der Befugnis ein. Vom Souverän heißt es, er sei zu Handlungen befugt (!) und imstande, bei denen sich die Überlegenheit des Existenziellen gegenüber dem bloß Normativen zeige[149].

Bei einem Verständnis der Verfassung als etwas Existentiellem scheidet eine normative Bindung des verfassungsändernden Gesetzgebers an den Willen des historischen Verfassunggebers aus. Eine zum Bereiche der Wirklichkeit gehörende politische Entscheidung kann zwar nicht durch eine Norm geändert werden. Diese Banalität dürfte aber nicht im Sinne Schmitts liegen. Die allein maßgebliche Frage, wie eine politische Dezision gegenüber Normen derogierende Kraft haben oder ihre Unzulässigkeit begründen kann, wirft er nämlich gar nicht auf. Die Nichtigkeit oder Vernichtbarkeit einer Norm kann nur durch eine Norm geregelt werden. Gegen eine Tatsache kann eine Norm nicht verstoßen. Eine „Entscheidung" wird durch ein abweichendes verfassungsänderndes Gesetz weder berührt noch hat umgekehrt die „Entscheidung" irgendwelche Auswirkungen auf ein Verfassungsgesetz.

Während Lasalle sich energisch gegen die Unterstellung verwahrt, er habe sich dafür eingesetzt, daß Macht vor Recht gehen solle[150], setzt

---
[143] Henrich S. 192.
[144] Schindler S. 22 f.
[145] Bachof, Verfassungsnormen S. 25 Fn. 42; Heller, StL S. 264 f.; Kägi, Verfassung S. 129.
[146] Henrich S. 192.
[147] Heller, StL S. 276; Onishi S. 305.
[148] C. Schmitt, VerfL S. 108.
[149] S. 107; kritisch wie hier Loewenstein, ErschfVÄ S. 226.
[150] Lasalle S. 83.

sich Schmitt dafür ein, Rechtsbrüchen Anerkennung zu verschaffen und die Bedeutung des Normativen herabzusetzen. Die einprägsamste Formel lautet: „Was als politische Größe existiert, ist, juristisch betrachtet, wert, daß es existiert[151]." Im Gegensatz zu Schmitt wird hier in der Verfassung die rechtliche Grundordnung des Staates gesehen, die gegenüber dem Existentiellen Vorrang hat[152].

Der Jurist hat Verfassungsbrüche als solche zu kennzeichnen und abzulehnen, nicht aber sie politisch zu glorifizieren[153]. Die Staatsverfassung, die gegenüber der konkreten politischen Entscheidung zurücktritt, verliert ihren normativen Sinn[154].

Das Verständnis der Verfassung als existentieller Grundentscheidung, auf der alle normativen Regelungen beruhen, hat sich als unrichtig herausgestellt. Darum kann auch der Urheber dieser Entscheidung nicht als die verfassunggebende Gewalt angesehen werden, nach der hier gesucht wird. Die Wertlosigkeit der Lehre Schmitts zur Lösung elementarer Probleme wird jedoch damit nicht behauptet. So bleiben die ins Soziologische gehörenden Entscheidungen, die der Verfassung als Rechtsnorm vorangehen, für ihre Entstehung von Bedeutung[155]. Schmitts Lehre kann in mancher Hinsicht annehmbar werden, wenn man seinen nicht überzeugend begründeten Dezisionismus ins Normative übersetzt[156].

5. Die Verfassung nach der Integrationslehre Smends

a) Die Integrationslehre

Der Gegenstand des Smendschen Verfassungsbegriffes kann ohne genauere Untersuchung weder als Gegenstand der Erfahrungswissenschaft noch als einer der Normwissenschaft angesehen werden. Für die Verfassungslehre sucht Smend nach einer eigenen, nicht juristischen, sondern geisteswissenschaftlichen Methode. Dabei baut er auf den Arbeiten Theodor Litts auf[157]. Zentralbegriff seiner „materialen"[158] Verfassungslehre ist der der „Integration", des „einigenden Zusammen-

---

[151] C. Schmitt, VerfL S. 22.
[152] Insbesondere Kägi, Verfassung. Er setzt sich in diesem Werk für die gefährdete Idee der Verfassung ein, S. 9, deren Sinn durch mannigfache Tendenzen, etwa die Lehre Schmitts, in Frage gestellt werde.
[153] Loewenstein, ErschfVÄ S. 228.
[154] Burdeau, Der Staat S. 389 ff.; Curtius, Diss. S. 37, 41; Ehmke, Grenzen S. 52; Hamm S. 34 Haug S. 73, 160; Heller, StL S. 276; Kägi, Verfassung S. 120, RStuDem S. 137; Loewenstein, ErschfVÄ S. 228; von Mangoldt / Klein, Überschrift III 2.
[155] Henrich S. 192.
[156] Kägi, Verfassung S. 129.
[157] Vorbem. S. VII.
[158] S. 5.

schlusses"[159]. In diesem Prozeß sieht er das Sinnprinzip der Verfassung[160]. Die Entwicklung der Integrationslehre beginnt mit allgemeinen Erörterungen über die Stellung des Einzelnen in der Gemeinschaft. Mit der objektivierten und isolierten Betrachtung des Individuums verzichte man auf die Einsicht in das geistige Leben selbst. Einzelner und Gemeinschaft dürften nicht als isolierte Elemente des geistigen Lebens aufgefaßt werden, sondern nur als Momente einer dialektischen Zusammenordnung[161]. Das Leben der Gruppe sei kausal nicht aus dem Leben der Einzelnen herzuleiten, schon weil das soziale Individuum dies nur insofern sei, als es am Gruppenleben Anteil habe. Der Struktur der geistig-gesellschaftlichen Wirklichkeit will Smend mit einer Darstellungsweise „verhältnismäßig am nächsten kommen, die sie als System von Wechselwirkungen zwischen dem Einzelnen und dem Ganzen zu erfassen sucht"[162].

Das Einheitsgefüge des Staates, den Smend als realen Willensverband ansieht, sei stets im Flusse, denn wirklich sei es nur, sofern es stets von neuem aktualisiert oder vielmehr hervorgebracht werde[163]. Auch der Passive stehe im staatlichen Lebenszusammenhang[164]. Die rechtliche Zugehörigkeit bedeute eine starke tatsächliche Einordnung, die sogar bei Widerspruch zum Gegenstande des Bewußtseins werde[165]. Die Tatsächlichkeit des Staates sei eine Kulturerrungenschaft, die als fließendes Leben steter Erneuerung und Weiterführung bedürftig, aber deshalb auch in Frage gestellt sei[166]. Der grundlegende Teil der Lebensvorgänge im Staate bestehe im fortwährenden Neuerfassen und Zusammenfassen[167]. Vorhanden sei der Staat nur in einzelnen Lebensäußerungen, wie Gesetzen, Urteilen und Verwaltungshandlungen. „Er lebt und ist da nur in diesem Prozeß beständiger Erneuerung, dauernden Neuerlebtwerdens; er lebt ... von einem Plebiszit, das sich jeden Tag wiederholt." Diesen „Kernvorgang staatlichen Lebens" bezeichnet Smend als „Integration"[168]. Sodann unterscheidet er verschiedene Integrationsarten, die persönliche[169], funktionelle[170] und sachliche[171] und

---

[159] S. 9. Für Pleonasmen und Tautologien im folgenden ist der Zitierende nicht verantwortlich.
[160] Vorbem. S. VIII.
[161] S. 7.
[162] S. 11.
[163] S. 13.
[164] S. 15.
[165] S. 16.
[166] S. 16 f.
[167] S. 17.
[168] S. 18.
[169] S. 25 ff.
[170] S. 32 ff.
[171] S. 45 ff.

baut auf diesen Gedankengängen verfassungsrechtliche Folgerungen auf[172].

b) Stellungnahme zur Integrationslehre

Wegen der verfassungsrechtlichen Folgerungen, auf die alsbald einzugehen sein wird, muß eine Stellungnahme zur Lehre Smends beim Integrationsbegriff ansetzen.

Integration, wie Smend übersetzt, „einigender Zusammenschluß", ist die allgemeinste, überhaupt denkbare soziale Kategorie, bei der man genaue Folgerungen kaum erwarten kann[173]. Schließlich gibt es nicht nur im Staate, sondern in jedem Verband einen „einigenden Zusammenschluß"[174], der schon deswegen nicht als „Angelpunkt gerade des Staatlichen"[175] aufgefaßt werden kann[176].

Zweifelhaft ist, ob man mit Smend die Integration in die „Lebenstotalität des Staates" für wünschenswert halten muß oder sogar in der Integration einen der Verfassung aufgegebenen Erfolg[177] sehen kann. An der Art und Weise, wie Smend zu einzelnen Verfassungen und Verfassungsartikeln Stellung nimmt, wird das Anliegen seiner Integrationslehre deutlich. Sie liefert Bewertungsmaßstäbe[178]. Eine integrierende Verfassung wird gelobt, eine nicht integrierende, gar liberale Verfassung mißbilligend kritisiert. Mit abwertenden Bemerkungen zur Weimarer Verfassung, die er in der Hauptsache als Zerstörung des Bismarckschen „Integrationsgebäudes" ansieht[179], ist Smend nicht zurückhaltend. Kernstück einer demokratischen Verfassung ist die freie Wahl. Energisch bekämpft Smend ihre Voraussetzung, die Geheimheit der Wahl. Den „heimlichen" Wähler bezeichnet er im Gegensatz zum integrierten Schlafenden oder Bewußtlosen[180] als das „nicht integrierte und nicht integrationsfähige Individuum"[181]. Den Liberalismus und damit alle liberalen Elemente der Verfassung verurteilt er als staatsfremd[182]. Besonders verübelt er dem Liberalismus das „Mißverständnis", in den Grundrechten hauptsächlich eine staatsbeschränkende Funktion zu sehen[183]. Anerkennend bemerkt Smend dagegen zum Fa-

---

[172] S. 75 ff.
[173] Kelsen, Integration S. 46.
[174] So Smend selbst S. 17.
[175] S. 18 f.
[176] Heller, StL S. 166, 274; Krüger, AllgStL S. 151.
[177] Smend S. 78.
[178] Kritisch Kelsen, Integration S. 88.
[179] Smend S. 125.
[180] S. 15.
[181] S. 37 Fn. 4.
[182] S. 10.
[183] S. 108.

schismus, dessen Literatur für ihn die „große Fundgrube" gewesen ist[184], er habe die „Notwendigkeit allseitiger Integration mit großer Klarheit gesehen"[185].

An diesen Stellungnahmen wird deutlich, daß Smend nicht die Zielsetzungen einer konkreten Verfassung zum Ausgangspunkt nimmt, sondern seine im obigen näher bezeichneten Wertvorstellungen an die Verfassung heranträgt. Es gibt durchaus Verfassungen, die nicht die Integration in die Lebenstotalität des Staates zum Ziel haben. Die Weimarer Verfassung und das Grundgesetz sind keine organisierte Erlebniseinheiten[186]. Smend steht es frei, festzustellen, daß bestimmte Verfassungen seinen subjektiven Bewertungsmaßstäben nicht entsprechen. Für eine verfassungstheoretische Erkenntnis sind seine Maßstäbe nicht förderlich.

c) Die Verfassungsbegriffe Smends

Die Verfassung definiert Smend als Rechtsordnung des staatlichen Integrationsprozesses[187]. Dieser Verfassungsbegriff scheint eine Rechtsnorm zum Gegenstand zu haben. Allein, dies ist nicht der einzige Smendsche Verfassungsbegriff. Wenig später liest man, der Verfassung geschehe schwerstes Unrecht, wenn man sie zu einem wesentlichen Element der Rechtsordnung erhebt[188]. Im Anschluß daran heißt es, die Verfassung sei nicht nur Norm, sondern auch Wirklichkeit. Als Verfassung sei sie integrierende Wirklichkeit. Diese Definition will anscheinend eine Verflechtung der Norm mit dem Integrationsprozeß zum Ausdruck bringen. Doch fehlt es auch nicht an einem rein wirklichkeitswissenschaftlichen Verfassungsbegriff: „Das ... Sinnprinzip der Integration ... ist das ... seiner Verfassung[189]." Danach liegt das Wesen der Verfassung im tatsächlichen Ablauf des staatlichen Lebens.

Henrich[190] wirft Smend in diesem Zusammenhang vor, er habe sich nirgends deutlich und widerspruchslos darüber ausgesprochen, wie sich die Integration des Staates zu seiner Rechtsordnung verhalte. Dazu ist auf Smends ablehnende Stellungnahme zum Methodenmonismus zu verweisen. Man dürfe weder allein den „wirklichen Lebensstrom als solchen" noch den „zeitlos-ideellen Gehalt" betrachten, sondern unvermeidlich sei ein „Oszillieren des Gedankens", das den Gegenstand in

---

[184] S. 23.
[185] S. 62.
[186] So die Gegenthese Forsthoffs, Umbildung S. 61.
[187] S. 78.
[188] S. 80.
[189] Vorbem. S. VIII.
[190] S. 181 f.

seiner Doppelseitigkeit als Lebens- und Sinnordnung erfasse[191]. Der Wert dieses Verfahrens soll an den verfassungsrechtlichen Folgerungen Smends erprobt werden.

d) Verfassungsrechtliche Folgerungen aus der Lehre Smends

Die „schematischen, auf immer neuen Rezeptionen aus dritter und vierter Hand beruhenden Verfassungsartikel" könnten eine „solche Lebensfülle" wie die „überpersönliche Totalität des Staates" nur andeuten und anregen. Aufgegeben sei der „Erfolg befriedigender Integration". Diesen Erfolg dürfe der politische Lebensstrom „vielfach in nicht genau verfassungsmäßigen Bahnen" erreichen. Dies sei einem paragraphentreuen, aber im Erfolge mangelhaften Verfassungsleben vorzuziehen[192]. Selbstverständlicher Sinn der formulierten Verfassung sei, daß diese „ihr System gegebenenfalls von selbst" ergänze und wandle[193].

e) Die Auswirkung der Lehre Smends auf die Normqualität der Verfassung

Die fragwürdige Prämisse, nach der eine befriedigende Integration des Staates aufgegeben sei, führt zu einer Geringschätzung des Normativen, die schon in der herabwürdigenden Terminologie zum Ausdruck kommt[194]. Die Verfassung, die den politischen Kräften Einhalt gebieten soll, will Smend elastisch machen. Damit ist die Bedeutung der Verfassung als unverbrüchliches Staatsgrundgesetze in Frage gestellt[195]. Die Legitimierung des als Verfassungswandels bezeichneten Verfassungsbruchs ergibt sich aus dem Smendschen Methodensynkretismus. Eine Verfassung, die sowohl Norm als auch integrierende Wirklichkeit ist, kann den sog. Integrationsprozeß nicht normieren. Diesem Prozeß muß die Verfassung gegenüberstehen[196] und darf nicht mit ihm vermengt werden[197]. Die Verfassung kann ihre wahre Aufgabe, eine sich wandelnde Wirklichkeit ordnend zu gestalten, nicht erfüllen, wenn man ihr die Intention auf dauernde Wandlung zuschreibt[198]. Wie aus den qualifizierten Mehrheiten hervorgeht, die in den Revisionsklauseln der meisten Verfassungen verlangt werden, ist die Verfassung im besonde-

---

[191] S. 77.
[192] S. 78.
[193] S. 79.
[194] Kritisch Kelsen, Integration S. 90.
[195] Henrich S. 189 ff. 191: „Smend ... bemüht sich, ... das Rechtliche aus der Verfassung auszumerzen." Kägi, Verfassung S. 144 f.; Loewenstein, ErschfVÄ S. 226.
[196] Heller, StL S. 269.
[197] von Mangoldt / Klein, Überschrift III 2; Klein, KudW II S. 494 f.
[198] Ehmke, Grenzen S. 60.

ren Maße auf Stabilität angelegt. Mit diesem Bestreben wie überhaupt der förmlichen Verfassungsrevision setzt Smend sich nicht auseinander.

Die Konsequenzen aus einem Verfassungsbegriff, der den Integrationsprozeß in irgendeiner Weise als Element einbezieht, stellen die Verfassung als Norm in Frage. Aus der Integrationslehre läßt sich kein juristisch verwandbarer Verfassungsbegriff ableiten.

Der Verfassungsbegriff Smends kann nach obigem nicht den richtigen Ausgangspunkt für die Beantwortung der Frage nach der verfassunggebenden Gewalt bilden. Smend selbst[199] lehnt konsequenterweise die Vorstellung von einem Träger der verfassunggebenden Gewalt ab, die nicht in den dynamischen Integrationsprozeß hineinpaßt. Mit der Integrationslehre Smends ist jedoch auch diese besondere Folgerung nicht als überzeugend anzusehen.

6. Gemeinsame Kritik an den soziologischen Verfassungsbegriffen: Die gebotene Trennung von Norm und Wirklichkeit

Zusammenfassend läßt sich feststellen: Der von den soziologischen Verfassungsbegriffen umschriebene Sachverhalt ist von der Verfassung als Rechtsnorm sorgsam zu unterscheiden. Wenn ein normativer Verfassungsbegriff zu ermitteln ist, bilden Tatsachen nicht den geeigneten Ausgangspunkt. Versuche, die Verbindlichkeit einer Rechtsnorm mit Tatsachen unmittelbar und ausschließlich zu erklären, beruhen auf einem logischen Fehlschluß. Bei einer syllogistischen Folgerung muß sich der Folgesatz aus Obersatz und Untersatz ableiten lassen. Ist im Obersatz eine Tatsache enthalten, kann der Schlußsatz nur wieder eine Tatsache zum Inhalt haben, keine Norm[200].

Die vorhandenen Beziehungen zwischen Tatsachen und Normen werden bei den behandelten soziologischen Verfassungsbegriffen unklar oder unrichtig gesehen. Ungenügend berücksichtigt wird die machtbildende Wirkung des Rechts[201]. Illegalen politischen Kräften wird nicht ohne weiteres Folge geleistet. Weil ihren Befehlen Rechtsverbindlichkeit fehlt, fühlen sich die Adressaten dieser Befehle nicht zum Gehorsam verpflichtet. Soziale Macht erlangt nur Dauerhaftigkeit, wenn sie rechtlich institutionalisiert wird[202]. Umgekehrt hängen Inhalt und Geltung des Rechts von Machtfaktoren ab. Der Rechtsetzung gehen oft heftige Machtkämpfe voraus, bei denen der Obsiegende den Inhalt des Rechts bestimmen kann. Vor allem muß eine Macht das Recht im sozialen Leben durchsetzen und gegebenenfalls erzwingen. Eine unwirksame

---
[199] S. 85 f.
[200] Burckhardt S. 196; Kelsen, RR S. 219.
[201] Heller, StL S. 194, 277; G. Jellinek, AllgStL S. 361.
[202] Burdeau II S. 38 f.; Haug S. 37; Rousseau, CS I 3; Schindler S. 23.

Norm kann nicht als geltend angesehen werden[203]. Bei einer Revolution verliert die alte Verfassung ihre Geltung, weil die Mächte, die ihr bisher Wirksamkeit verliehen haben, beseitigt werden. Die neuen Machthaber haben als einzige die tatsächliche Möglichkeit, die neue Verfassung durchzusetzen. Es muß nicht unbedingt, wie es häufig geschieht, eine formelle Verfassung erlassen werden. Sobald die neuen politischen Kräfte sich auf Dauer durchgesetzt haben, ist eine neue materielle Verfassung entstanden[204]. Das Völkerrecht sieht die neue Regierung als Organ des Staates an[205]. Häufig erkennt die Staatengemeinschaft sie förmlich als de iure Regierung an, sobald ihre Herrschaft unbestritten ist[206].

Im Hinblick auf ihre Wirksamkeit ist eine Norm gültig, wenn sie im großen und ganzen befolgt wird. Im Gegensatz zum Naturgesetz gehört die Möglichkeit, vom vorgeschriebenen Verhalten abzuweichen, zum Wesen der Rechtsnorm. Auch zahlreiche Verstöße begründen nicht ihre Ungültigkeit. Nur wenn ein gewisses Minimum der Wirksamkeit nicht erreicht wird, muß die Norm als ungültig angesehen werden[207].

Ebenso wie die Wirksamkeit einer Norm gehört die natürliche Willensäußerung eines Staatsorgans, das zur Rechtsetzung berufen ist, in den Bereich der Tatsachen. Es wird noch Rechenschaft darüber zu legen sein, warum diese Tatsachen nicht Geltungsgrund der Norm sind.

VI. Der materielle Verfassungsbegriff

„Es ist unmöglich, einen Verband zu einem bestimmten Zweck zu schaffen, ohne ihm eine Organisation zu geben, Formen und eigene Gesetze, um ihn die Aufgaben wahrnehmen zu lassen, für die man ihn hat bestimmen wollen. Dies nennt man die Verfassung des Verbandes." Nahezu einhellig[208] wird diese alte Einsicht geteilt, deren Formulierung Sieyès Tiers Etat entnommen wurde[209]. Auch der primitivste Staat

---

[203] Bachof, Verfassungsnormen S. 28; Burckhardt S. 128 ff., 166, 201 pass.; Hamm S. 51; Hauriou S. 8; Heller, Souveränität S. 51, StL S. 194, 263 mit Einschränkungen; Henrich S. 207; G. Jellinek, AllgStL S. 333 f.; W. Jellinek, Grenzen S. 14; Kelsen RR S. 9 ff., AllgStL S. 18 f., Laux S. 9; Nawiasky, AllgRL S. 8 ff.; Nef S. 125; Schindler S. 20. In diesem Punkte besteht Einigkeit bei sonst sehr unterschiedlichen Meinungen.

[204] BVerfGE 6, 330 f. zur ns. Machtergreifung; Heller, StL S. 277 f.; Kelsen, RR S. 51.

[205] BVerfG 6, 330 f.; Verdross, VR S. 251.

[206] Verdross, VR S. 322.

[207] Kelsen, RR S. 9 ff., 92, 215 ff., AllgStL S. 18 f.

[208] Carré de Malberg I S. 66; Giacometti S. 15; Gutmann S. 51; Hatschek S. 8; Henrich S. 201; G. Jellinek, AllgStL S. 505; Kägi, Volksinitiative S. 815 a; Loewenstein, VerfL S. 141, TVerfÄ S. 8; Maurenbrecher S. 55; Zweig S. 8.

[209] S. 128.

VI. Der materielle Verfassungsbegriff

kommt nicht ohne ein gewisses Minimum an Organisation aus. Er muß Organe besitzen, deren Handlungen ihm zugerechnet werden[210]. Auch das Völkerrecht sieht handlungsfähige Organe als Begriffsmerkmale des Staates an[211]. Die Unerläßlichkeit der Rechtsnormen, die die staatliche Organisation zum Gegenstand haben, wird nicht ernsthaft bestritten. Wenn demgegenüber behauptet wird, es gäbe Staaten ohne Verfassung, wird die Verfassung im materiellen Sinne nicht als Verfassung bezeichnet, weil ihr Inhalt nicht den Idealen der betreffenden Autoren entspricht[212]. Das Vorhandensein einer grundlegenden staatlichen Organisation, auf die es hier ankommt, wird damit nicht in Frage gestellt.

Der Inhalt des hier zu behandelnden Verfassungsbegriffs ist nach theoretischen Gesichtspunkten näher zu bestimmen. Dabei besteht keine Bindung an die Regelungen, die in die Verfassungsurkunde Eingang gefunden haben. Die Bildung des materiellen Verfassungsbegriffs fällt je nach der angestrebten Erkenntnis unterschiedlich aus.

1. Der Verfassungskern als Verfassung im materiellen Sinne

In dem Bestreben, die Unabänderlichkeit einzelner Normen der Verfassungsurkunde nachzuweisen, wird versucht, einen Verfassungskern herauszuarbeiten. Bestimmte grundlegende Vorschriften sollen das Wesen der Verfassung ausmachen. Die so zu verstehende materielle Verfassung unterliege nicht der Disposition des verfassungsändernden Gesetzgebers.

Prägnant formuliert[213] wurde diese Lehre besonders von C. Schmitt[214]. An obige Ausführungen sei erinnert[215]. Zum Verfassungskern, d. h. zur Verfassung im eigentlichen materiellen Sinne, sollte z. B. die Entscheidung des deutschen Volkes für die Republik, die Demokratie und den Bundesstaat gehören. Diese von C. Schmitt sog. positive Verfassung war von den „Verfassungsgesetzen", die nur formal durch das Kriterium der erschwerten Abänderbarkeit gekennzeichnet waren, zu unterscheiden. Nach dieser Theorie gibt es im genauen Sinne des Wortes keine Verfassungsänderung, denn die Verfassung sei unabänderlich. Nur der Übung folgend bedient sich Schmitt des Begriffs „Verfassungsänderung", wenn es um die Änderung von Verfassungsgesetzen geht[216].

Um in der Lehre C. Schmitts verwertbare Anknüpfungspunkte zu erhalten, muß der existentiell gemeinte Charakter der Verfassung ins

---
[210] Henrich S. 201; Triepel, VRuLR S. 78.
[211] Verdross, VR S. 192.
[212] s. o. C. IV. 2.
[213] Freilich nicht entwickelt, vgl. Seydel / Piloty S. 125 f.
[214] VerfL S. 20 ff.
[215] s. o. C. V. 4.
[216] S. 99.

Normative übertragen werden[217]. Die Stellungnahmen zum Grundgesetz, bei denen Grundsätze oder Grundentscheidungen von sonstigen einzelnen Verfassungsbestimmungen unterschieden werden, gehen ebenso wie ausländische Stellungnahmen von der Rechtsnatur der Fundamentalbestimmungen aus[218]. Praktische Bedeutung hat die Lehre von einem unabänderlichen Verfassungskern insbesondere für Verfassungen, in denen keine ausdrücklichen Schranken der Verfassungsänderung aufgestellt sind. Dies gilt etwa für die Weimarer Verfassung, die C. Schmitt vor Augen hatte, und die Schweizerische Bundesverfassung, für die Kägi[219] unantastbare grundlegende Normen nachzuweisen versucht.

Das Grundgesetz hat in Art. 79 III einen besonderen Verfassungskern positivrechtlich hervorgehoben. Folgt man der Lehre C. Schmitts, muß Art. 79 III insofern als deklaratorisch angesehen werden, als er Grundentscheidungen der Befugnis des verfassungsändernden Gesetzgebers entzieht[220]. Da aber eine positive Norm die Theorie nicht bindet, ist nicht ausgeschlossen, daß im Grundgesetz weitere Fundamentalnormen außerhalb der Grundsätze der Art. 1 und 20 enthalten sind[221].

Damit ergibt sich für das Grundgesetz ebenso wie für Verfassungen ohne einen positivrechtlich besonders hervorgehobenen Verfassungskern die Schwierigkeit, Grundsatzentscheidungen von sonstigen Verfassungsbestimmungen abzugrenzen. Abgrenzungsschwierigkeiten allein genügen nicht, um den Erkenntniswert vorliegender Unterscheidung für den materiellen Verfassungsbegriff und die Unabänderlichkeitslehre in Frage zu stellen[222]. Bei einer als notwendig erkannten Unterscheidung ist es aber ein Gebot wissenschaftlicher Ehrlichkeit, die Abgrenzungskriterien aufzuzeigen und gegebenenfalls ihre Unschärfe einzugestehen. Dies freilich geschieht bei C. Schmitt nicht. Mit dem

---

[217] Kägi, Verfassung S. 129.

[218] Einen besonderen, normativen Verfassungskern erkennen folgende Stelnungnahmen an: BVerfGE 1, 14 ff. 32, 2, 380 ff. 403; Arndt, KudW III 438; Bachof, Verfassungsnormen S. 25 Fn. 42, S. 35 Fn. 71; Bridel/Moor S. 35 ff., 39, 42; Burdeau III S. 212; Curtius S. 36; Dupraz S. 391 a; Ehmke, Grenzen S. 98 ff.; ders. AöR 79, 397; Elgeti S. 15; Hesse, Grundzüge S. 272; Kägi, Volksinitiative S. 753 a, 826 a; Kratzmann S. 21 f.; von Mangoldt/Klein, Überschrift III 2, Art. 79 Anm. VI 1; Maunz/Dürig/Herzog (Maunz/Dürig) Art. 79 Rn. 23 f.; Nef S. 120 ff.; Seydel/Piloty S. 125 f. Die orthodoxen Anhänger C. Schmitts sehen jedoch in der „Verfassung" eine nichtnormative Dezision, z. B. Arnold S. 21; Henke S. 11 ff., 24, 32 ff. pass.

[219] Volksinitiative S. 753 a, 826 a pass.

[220] Elgeti S. 11.

[221] Die gegenteilige Auffassung bei Maunz/Dürig/Herzog (Maunz/Dürig) Art. 79 Rn. 24 ist mit dem Hinweis auf den Niederschlag der Lehre C. Schmitts in Art. 79 III nicht begründet. Wie hier Henke S. 140.

[222] So aber Burckhardt S. 209 Fn. 106; Herrfahrdt, RuLd S. 279; von Herrnritt S. 10.

VI. Der materielle Verfassungsbegriff

Vorwurf willkürlicher Begriffsbildung ist ihm deswegen kein Unrecht geschehen. Solange nicht die Methode angegeben werden kann, die zur Erkenntnis des Verfassungskerns führt, hat diese Unterscheidung keine Berechtigung[223].

a) Die Bestimmung des Verfassungskerns aus dem Gesamtzusammenhang der Verfassung

Aus dem materialen Zusammenhang der gesamten Verfassung will Ehmke den Verfassungskern herleiten[224]. Die Umschreibung des Verfassunggebers in Art. 79 III GG hält er für unmaßgeblich[225]. Einen „positivistischen Ansatz" lehnt er ab. Stattdessen bejaht er verfassungsimmanente Grenzen der Verfassungsänderung auch ohne ausdrückliche Vorschriften[226]. Seinen Ausgangspunkt bildet das Verständnis der Verfassung als Beschränkung und Rationalisierung der Macht und als Gewährleistung eines freien politischen Lebens[227]. Den in diesem materialen Zusammenhang der Verfassung begründeten Verfassungskern sieht er vor allem in den Grundsätzen der Art. 1 und 20. Art. 79 III sei insoweit als deklaratorisch anzusehen, als er die freiheitlich-demokratische Grundordnung für unantastbar erkläre[228]. Nicht aus dem materialen Zusammenhang der Verfassung hingegen ergebe sich die Föderativklausel des Art. 79 III. Diese gelte als Schranke der Verfassungsänderung nur kraft positiver Vorschrift[229].

Diese Gedankenführung kann schon deswegen nicht überzeugen, weil sie verfassungspolitische Ideale in die Verfassung projiziert, anstatt von der geltenden Verfassung auszugehen. Dies führt zu der verwunderlichen Folgerung, daß der bundesstaatliche Aufbau nur kraft der Hervorhebung in Art. 79 III zum Verfassungskern gehört. Wenn aus dem Gesamtzusammenhang der Verfassung ein Verfassungskern erkennbar ist, so gehört mit Sicherheit das Bundesstaatsprinzip dazu. Davon abgesehen verkennt Ehmke die Bedeutung des bundesstaatlichen Aufbaus zur „Rationalisierung der Macht", in der er das Wesen der Verfassung erblickt[230].

Einen überzeugend herausgearbeiteten Verfassungskern bietet Ehmke nicht.

---

[223] Anschütz, VerfDR Art. 76 Anm. 3; Heller, StL S. 276, von Herrnritt S. 10 Schwinge, Methodenstreit S. 19; Zülch S. 2.
[224] Ehmke, Grenzen S. 90, 101.
[225] S. 98 f.
[226] S. 99.
[227] S. 100 f.
[228] S. 99.
[229] S. 100; zustimmend Hesse, Grundzüge S. 272 f., Häberle, JZ 71, 151.
[230] Dazu von Simson, VVDStRL H. 29 S. 20.

b) *Das Verhältnis eines Verfassungsgrundsatzes zu konkretisierenden Einzelbestimmungen*

aa) Die Lehre Bridel / Moors zur inhaltlichen Normenhierarchie

Zur Ermittlung grundlegender Prinzipien ziehen Bridel / Moor[231] die gesamte Verfassungsurkunde heran. In der Erwägung, daß zahlreich Verfassungsartikel nur Grundprinzipien ins Werk setzen, entwickeln sie ein System der Über- und Unterordnung. So bildet die Demokratie ein erstes Prinzip, das weitere Verfassungsartikel bedingt, welche die politischen Rechte der Bürger präzisieren[232]. Fundamentalnormen werden als solche eingestuft, weil sie für andere Vorschriften das beherrschende Prinzip bilden.

Daraus ergibt sich eine teilweise Übereinstimmung mit der Lehre C. Schmitts, nach der die „Verfassungsgesetze" auf der „Verfassung" beruhen. Nach der Auffassung Bridel / Moors gehören jedoch die Normen, die Grundprinzipien näher ausgestalten, materiell zur Verfassung und sind nicht nur durch formale Kriterien bestimmt.

Es ist jedoch hervorzuheben, daß ein Grundsatz nicht eindeutig den Inhalt der Vorschriften festlegt, die ihn konkretisieren. Um diesem Mangel entgegenzuwirken, muß der umgekehrte Weg beschritten werden, den Bridel / Moor ebenfalls für gangbar halten[233]. Wenn Grundsätze und Leitideen nicht in einem besonderen Rechtssatz ihren Niederschlag gefunden haben, ist dieser aus der Gesamtheit der Verfassungsbestimmungen zu abstrahieren. Bei diesem Verfahren ist also im Gegensatz zu der Lehre C. Schmitts das einzelne Verfassungsgesetz der Ausgangspunkt. Dieses Denkmodell wird auch auf das Grundgesetz angewandt. Wie das BVerfG[234] ausführt, ergibt sich die Leitidee des Rechtsstaatsprinzips aus einer Zusammenschau der Bestimmungen des Art. 20 III GG über die Bindung der Einzelgewalten und der Art. 1 III, 19 IV, 28 I 1 GG sowie aus der Grundkonzeption des Grundgesetzes. Dieses induktive Verfahren gehört zum gesicherten Bestand der Rechtslehre. Obschon es in der Hauptsache Anwendung zu finden hat, wenn ein ausdrücklich formulierter Grundsatz fehlt, ist es unerläßlich, um den Inhalt eines ausfüllungsbedürftigen Grundsatzes näher zu bestimmen.

Mit der Herstellung des Zusammenhanges von Grundsätzen mit Einzelvorschriften ist es fraglich geworden, nur den Verfassungskern

---

[231] S. 35 ff.
[232] S. 39.
[233] S. 38.
[234] E 2, 380 ff. 403.

als Verfassung im materiellen Sinne anzusehen und die Verfassungsgesetze i. S. C. Schmitts aus der Verfassung auszuscheiden. Schwierigkeiten bei der Abgrenzung sollten nach obigen Überlegungen nicht genügen, die Möglichkeit vorliegender Unterscheidung zu leugnen. Sie verliert jedoch gänzlich ihre Berechtigung, wenn der Zusammenhang von Grundsatz und Einzelvorschrift so eng ist, daß diese inhaltlich voneinander abhängig sind.

bb) Das Verhältnis des Art. 1 GG zu den nachfolgenden Grundrechten als Beispiel

Vorliegende Fragestellung bedingt eine Beschränkung, wenn an einem Beispiel das Verhältnis des Grundsatzes zu den Einzelvorschriften beleuchtet werden soll. Dazu sei Art. 1 I GG zu den „nachfolgenden Grundrechten" in Beziehung gesetzt. Die Literatur behandelt dieses Problem im Rahmen der Abänderlichkeit der Grundrechte.

Art. 79 III schützt die in Art. 1 und 20 enthaltenen Grundsätze. Unter „Grundsatz" ist nach obigem ein beherrschendes Prinzip zu verstehen[235], das in Einzelbestimmungen konkretisiert wird. Nicht geschützt ist der Wortlaut der Art. 1 und 20[236]. Ebensowenig erklärt Art. 79 III eine Änderung der Art. 1 bis 20 für unzulässig[237]. Damit ergibt sich das Problem, inwieweit Grundrechte wegen ihres Menschenwürdegehaltes an der Bestandsgarantie des Art. 1 Anteil haben. Hier kann an die von Bridel / Moor beschriebene inhaltliche Ordnung der Verfassungsvorschriften angeknüpft werden. An die Spitze hat das Grundgesetz den Grundsatz der Unantastbarkeit der Menschenwürde gestellt[238]. Diese Leitidee bedingt weitere Vorschriften, die zu ihrer Konkretisierung unerläßlich sind[239]. Die Brücke von Art. 1 zu den einzelnen Menschenrechten schlägt das Grundgesetz in Art. 1 II mit dem Worte „darum". Daran knüpft Dürig[240] an, wenn er die Theorie eines lückenlosen Wert- und Anspruchssystems entwickelt. Die Ewigkeitsentscheidung des Art. 1 I werde in Art. 1 II formal in Einzelgrundrechte aufgelöst. Die inhaltliche Präzisierung beginne mit dem Hauptfreiheitsrecht des Art. 2 I und dem Gleichheitsgrundsatz, Art. 3 I. Hinzu komme das prozessuale

---

[235] BVerfG DVBl. 71, 52 „Substanz und Grundlage der Verfassung"; Häberle, JZ 71. 149 f.: „Kern elementarer Prinzipien"; Hesse, Grundzüge S. 52, 295.
[236] Maunz / Dürig / Herzog (Maunz / Dürig), Art. 79 Rn. 8.
[237] von Mangoldt / Klein, Art. 79 Anm. VII 3 a; Maunz / Dürig / Herzog (Maunz / Dürig) Art. 79 Rn. 39; anders Wernicke, BK Art. 1 (Erstbearbeitung) Anm. II 5 b, der verkennt, daß Art. 1 III nur den einfachen Gesetzgeber an die Grundrechte bindet.
[238] BVerfGE 6, 36.
[239] Maunz / Dürig / Herzog (Dürig) Art. 1 Rn. 6.
[240] Rn. 6 bis 13.

Hauptgrundrecht des Art. 19 IV[241]. Das Hauptfreiheitsrecht werde wiederum in Einzelfreiheitsrechte aufgegliedert. Diese Spezialfreiheitsrechte seien im Hinblick auf spezifische historische Gefährdungen der Freiheit geschaffen worden[242]. Weil Art. 1 I als Wertmaßstab in die Spezialinterpretation des jeweiligen Grundrechts einbezogen werden müsse, sei kein Fall denkbar, in dem ein staatlicher Angriff auf die Menschenwürde nicht bereits durch spezielle Grundrechte aufgefangen würde[243].

Diese Gedankenführung hat nur teilweise berechtigte Kritik erfahren. Gegen ein Verständnis der Grundrechte als geschlossenes System spricht ihre Entstehungsgeschichte[244]. Hier geht es jedoch nicht darum, ob die Grundrechte ein System im strengen Sinne bilden oder nur punktuelle Gewährleistungen enthalten[245]. Maßgeblich für das hier interessante Verhältnis des Grundsatzes zu den Einzelvorschriften ist die abgestufte Konkretisierung. Dieser entspricht die Auslegungstheorie des BVerfG[246], nach der jede Verfassungsbestimmung so ausgelegt werden muß, daß sie mit den elementaren Verfassungsgrundsätzen vereinbar ist[247].

cc) Die Untrennbarkeit des Verfassungskerns von konkretisierenden Vorschriften

Das Grundrecht der allgemeinen Handlungsfreiheit bildet eine Konkretisierung des Grundsatzes der Unantastbarkeit der Menschenwürde. Da nun aber die allgemeine Handlungsfreiheit ihrerseits der Präzisierung zugänglich und bedürftig ist, kann auch sie als Grundsatz aufgefaßt werden. Art. 2 I müßte als „Verfassungsgesetz" eingestuft werden, weil er auf Art. 1 I „beruht", aber als „Verfassung", weil diese „Grundentscheidung" wieder für „sekundäre Normen", „Einzelheiten", grundlegend ist. An der fortschreitenden Präzisierung in Spezialvorschriften wird deutlich, daß dem Grundsatz Einzelvorschriften zwingend zugeordnet sind. Die „Verfassung" i. S. C. Schmitts ist ohne „Verfassungsgesetze" überhaupt nicht denkbar.

Ein anderes Ergebnis ist schwerlich zu erwarten, wenn statt vom Grundsatz von den Einzelvorschriften ausgegangen wird. Wenn Einzelvorschriften den Grundsatz präzisieren, so können umgekehrt von den Einzelvorschriften Rückschlüsse auf den Inhalt des Grundsatzes

---
[241] Rn. 11, 12.
[242] Ebenso BVerfGE 6, 32 ff. 37.
[243] Rn. 13.
[244] Ehmke, VVDStRL H. 20, S. 82.
[245] Forsthoff, Umbildung S. 40; Hesse, Grundzüge S. 124.
[246] E 1, 32 f.
[247] Zu Art. 1 Zippelius, BK Art. 1 Rn. 27, Art. 4 Rn. 39 f.

VI. Der materielle Verfassungsbegriff

gezogen werden[248]. Bei seiner näheren Bestimmung ist der Kontext des Grundgesetzes[249] heranzuziehen, wenn in ihn nicht die weltanschauliche Einstellung des Interpreten hineingelegt werden soll. Dementsprechend entwickelt das BVerfG[250] das Menschenbild des Grundgesetzes aus einer Gesamtsicht der Art. 1, 2, 12, 14, 15, 19 und 20. Hesse[251] folgert ähnlich und bezieht die Art. 6, 9, 21, 28 II und 140 mit ein.

Die Notwendigkeit, den Inhalt eines Grundsatzes von Einzelregelungen her zu bestimmen, schließt eine Theorie aus, die den Grundsatz von Einzelregelungen isolieren und allein ihn als Verfassung im materiellen Sinn betrachten will. Möglich mag ein alleinstehender Grundsatz im Verfassungsgefüge sein, wenn er inhaltlich klar ist wie die Grundentscheidung für die Republik. Jeder Isolierungsversuch führt jedoch bei mehrdeutigen Begriffen wie Demokratie, Rechtsstaat und Menschenwürde in die Irre. Positivrechtlich ist das Sozialstaatsprinzip in den Verfassungskern aufgenommen worden, Art. 79 III, 20 I. Sein Schattendasein im Verfassungsrecht ist mit dem Fehlen von eindeutigen Vorschriften zu erklären[252], die es konkretisieren. Es liefert das beste Argument gegen den Versuch, Grundentscheidungen allein ohne nähere inhaltliche Ausgestaltung als „Verfassung" anzusehen.

Die enge Beziehung zwischen Grundsatz und konkretisierenden Vorschriften soll jedoch nicht zu dem Trugschluß veranlassen, der Grundsatz sei nur eine Abstraktion aus Einzelregelungen oder habe neben diesen keine eigenständige Bedeutung. Der Wert des Verfahrens, die Wechselbeziehung[253] etwa zwischen Art. 1 I und den Einzelgrundrechten auszuwerten, ist begrenzt. Eine Norm kann nämlich nur als Konkretisierung eines Grundsatzes aufgefaßt werden, wenn ein Begriffskern des Grundsatzes besteht, der die vorausgesetzte Zuordnung ermöglicht[254]. Es kann und muß also von einer eigenständigen Bedeutung des Grundsatzes ausgegangen werden.

Aus der Analyse des Verhältnisses des Grundsatzes zur präzisierenden Vorschrift hat sich ergeben: Grundsatz und konkretisierende Norm stehen in Wechselbeziehung zueinander. Wegen dieser inhaltlichen Abhängigkeit ist es nicht möglich, einen Verfassungskern zu isolieren

---

[248] Zippelius, BK, Art. 1 Rn. 8, 27.
[249] Teilweise übereinstimmend Ehmke, Grenzen S. 98; Häberle JZ 71, 150; Hesse, Grundzüge S. 272 ff.
[250] E 4, 7 ff., 15 f.; 7, 323; 8, 329.
[251] Grundzüge S. 49 f.
[252] Nach Abendroth S. 143 hat das Grundgesetz keine endgültige Entscheidung zwischen den streitenden Sozialphilosophien getroffen; Forsthoff, Sozialstaatlichkeit S. 165 ff. meint, eine Verfassung könne nicht Sozialgesetz sein.
[253] Zippelius, BK Art. 1 Rn. 27.
[254] Zippelius, BK Art. 1 Rn. 27.

und diesen allein als Verfassung im materiellen Sinne anzusehen. Dieser reicht nicht aus, um einem Staatswesen eine grundlegende Ordnung zu geben. Zur Verfassung im materiellen Sinne gehören auch die von C. Schmitt so genannten Verfassungsgesetze.

2. Die Verfassung als Normenkomplex, der die Organe und das Verfahren der Gesetzgebung bestimmt

a) Die Entwicklung des Verfassungsbegriffs nach der reinen Rechtslehre

Zur Weimarer Zeit war das richterliche Prüfungsrecht umstritten[255]. In dem Referat „Wesen und Entwicklung der Staatsgerichtsbarkeit" hat sich Kelsen[256] die Aufgabe gestellt, die Erforderlichkeit von Garantien nachzuweisen, die zur vollen Rechtsverbindlichkeit der Verfassung gehören. Wenn nicht Normen im Range unter der Verfassung mehr Geltungskraft als die Verfassung selbst haben sollen, muß der Richter das Recht haben, einfache Gesetze auf ihre Übereinstimmung mit der Verfassung zu überprüfen und gegebenenfalls für nichtig zu erklären[257]. Dieser Nachweis setzt einen klaren materiellen[258] Verfassungsbegriff voraus[259], der aus dem Stufenbau der Rechtsordnung entwickelt wird[260].

Die Frage nach dem Geltungsgrund einer Norm wird beantwortet, indem in der Rechtsordnung verschiedene Normstufen unterschieden werden[261]. Unter Geltung ist die spezifische Existenz einer Norm zu verstehen[262]. Eine Norm liegt vor, wenn ein objektives Sollen den Adressaten bindet[263]. Ein Befehl, den ein Mensch an einen anderen richtet, hat den subjektiven Sinn des Sollens. Vom Standpunkte eines unbeteiligten Dritten aus wird dieses subjektive Wollen des Befehlenden als objektives Sollen gedeutet, wenn eine Rechtsnorm den Willensakt des Befehlenden mit Verbindlichkeit ausstattet[264]. Ein Rechtsgeschäft, ein richterliches Urteil oder ein Verwaltungsakt enthalten zwei Elemente: einen zur Wirklichkeit gehörenden, sinnlich wahrnehmbaren Akt und die Bedeutung, die dieser Akt von Rechts wegen hat[265]. Ein

---

[255] Grundlegend von Hippel, HdBDStR II S. 552 mwN.
[256] VVDStRL H. 5 S. 30 ff.; siehe auch AllgStL S. 285. Die Wiedergabe erfolgt in direkter Rede.
[257] VVDStRL H. 5 S. 78 f.; in dieser Richtung auch G. Jellinek, AllgStL S. 538, VÄ S. 10; Kägi, Verfassung S. 175.
[258] VVDStRL H. 5 S. 36, 117; RR S. 228.
[259] VVDStRL H. 5 S. 35.
[260] Zum folgenden ausführlich RR S. 196 ff.
[261] Vgl. auch Merkl, Rechtskraft S. 238.
[262] Kelsen, RR S. 9.
[263] aaO S. 7.
[264] S. 7 f.
[265] RR S. 2; AllgStL S. 249.

VI. Der materielle Verfassungsbegriff

Beispiel Kelsens: „Ein Mann, mit einem Talar bekleidet, spricht ... zu einem vor ihm stehenden Menschen bestimmte Worte. Dieser äußere Vorgang bedeutet rechtlich, daß ein Urteil gefällt wurde[266]." Der sinnlich wahrnehmbare Akt, eine in den Bereich der psychischen Wirklichkeit gehörende Entscheidung, bildet nicht den Geltungsgrund für die gesetzte Norm, denn Recht ist nur aus Recht ableitbar[267]. Bei einem Syllogismus muß der Obersatz alle Elemente des Folgesatzes enthalten[268]. Bei dem soeben gebildeten Beispiel bilden die Normen des materiellen und formellen[269] Strafrechts den Obersatz, die Worte des Richters den Untersatz und das Urteil den Schlußsatz. Die Worte des Richters sind conditio sine qua non für den Schlußsatz, aber nicht mit diesem identisch[270]. Der physisch-psychische Akt ist der Tatbestand, der von der höherrangigen Norm rechtserzeugende Qualität erhält[271]. Demnach ist Geltungsgrund des Schlußsatzes der Obersatz. Beim stufenförmigen Prozeß der Normerzeugung tritt zu einer bestehenden Rechtsnorm, die die zu setzende Norm mit Verbindlichkeit ausstattet, der Akt des zur Normerzeugung berufenen Organs hinzu[272].

Die Stellungnahme zu den soziologischen Verfassungsbegriffen war eine Begründung dafür schuldig geblieben, daß Tatsachen nicht den Geltungsgrund für eine Norm bilden können[273]. Wie die in den Bereich der Wirklichkeit gehörende Äußerung des rechtserzeugenden Staatsorgans nach der Normstufenlehre zu würdigen ist, steht nunmehr fest. Für die Wirksamkeit, ohne die keine Norm gültig ist, gilt nichts anderes. Die Setzung einer Norm ist ebenso wie die Wirksamkeit Bedingung, nicht Grund ihrer Geltung. Darum kann auch das Verhältnis zwischen der Norm und der Macht, die ihr Wirksamkeit verleiht, nicht als dialektisches angesehen werden[274]. Eine Norm gilt nur, wenn sie wirksam ist. Ihr Geltungsgrund hingegen ist die höherrangige Einsetzungsnorm[275].

Das Recht regelt seine eigene Erzeugung[276]. Das rechtsetzende Organ wendet bei der Normerzeugung die Delegationsnorm an. Das Recht ist

---

[266] RR S. 2.
[267] Burckhardt S. 194; Merkl, Rechtskraft S. 238, 279.
[268] Berckhardt S. 194; Kelsen, RR S. 196 f., wohl auch Burdeau I S. 40.
[269] Kelsen RR S. 237 für die Untrennbarkeit.
[270] RR S. 218.
[271] AllgStL S. 249.
[272] Dieses von der Normstufenlehre anerkannte Willensmoment übersieht Schmitt in seiner Polemik VerfL S. 9, Pol. Th. S. 41 f.
[273] s. o. C. V. 6.
[274] So aber Schindler S. 20.
[275] Burckhardt S. 179; Kelsen, RR S. 219.
[276] Kelsen, VVDStRL H. 5 S. 31, RR S. 228; AllgStL S. 249, 262.

ein dynamisches System, in dem jede Norm auf einer anderen beruht. Die Delegationsnorm, die den Geltungsgrund für eine andere Norm bildet, wird figürlich als höherrangige Norm bezeichnet[277]. Der Stufenbau der Rechtsordnung besteht aus einem durchgängigen Prozeß der Rechtsanwendung und Rechtserzeugung[278]. Auch bei einem richterlichen Urteil oder einem Verwaltungsakt wird eine individuelle Norm konstitutiv gesetzt. Es handelt sich dabei nicht um bloße Rechtsanwendung[279]. „Rechtsanwendung ist somit Erzeugung einer niederen Norm auf Grund einer höheren Norm ..."[280]. Dieser Prozeß muß einen Anfang und ein Ende haben. Er beginnt „oben" mit einer Norm, bei deren Setzung keine positive Norm angewendet wird, nämlich mit der Setzung der historisch ersten Verfassung[281], und endet „unten" mit der Vollstreckung, die ihrerseits nur eine Rechtsanwendung, aber keine Rechtserzeugung darstellt[282].

Nach dieser Grundlegung können nunmehr im einzelnen die Normstufen von „unten" her bis zur Verfassung entwickelt werden. Die Zahl der Normstufen hängt von der positivrechtlichen Ausgestaltung ab[283]. Es ergibt sich etwa folgende Ordnung: Bei der Vollstreckung wird ein richterliches Urteil angewendet. Das Urteil leitet seine Verbindlichkeit entweder unmittelbar aus einem Gesetz oder einer Verordnung ab. Die Einsetzungsnorm für die Verordnung ist das ermächtigende Gesetz. Das Gesetz gehört der Rechtsordnung an, weil es von einem Organ und in einem Verfahren beschlossen wurde, das in der Verfassung vorgesehen ist. Die Normen über das Organ und das Verfahren der einfachen Gesetzgebung bilden die logische Voraussetzung für die übrige staatliche Rechtsordnung. Die materielle Verfassung ist die Normstufe, in der die Gesetzgebungsorgane eingesetzt werden und das Gesetzgebungsverfahren bestimmt wird[284].

Die spezifische Form für die engere und eigentliche materielle Verfassung ist die Verfassungsurkunde, die sich durch erschwerte Abänderbarkeit vom einfachen Gesetz unterscheidet. In Staaten mit einer Verfassungsurkunde kann die Verfassungsform auch für Normen verwen-

---

[277] RR S. 8, 196, 228.
[278] Merkl, Rechtskraft S. 228 f.
[279] Kelsen, VVDStRL H. 5 S. 31, RR S. 242 f.
[280] Kelsen, RR S. 240, AllgStL S. 262; Sander S. 150.
[281] Merkl, Rechtskraft S. 279.
[282] Kelsen, RR S. 242.
[283] Kelsen, VVDStRL H. 5 S. 31, 38. Diese Stellungnahme scheint Leisner, Diss. S. 374 bei seiner Kritik an Kelsen entgangen zu sein.
[284] Affolter S. 19; Burdeau III S. 182, Der Staat S. 394; Fleiner / Giacometti S. 21; Giacometti S. 16; Burckhardt S. 203 ff.; Dupraz S. 470 a; Haug S. 86 f.; Henrich S. 202 f.; Kelsen, AllgStL S. 249, RR S. 228; Kastari S. 56; Nawiasky, AllgRL S. 37; Onishi S. 306; Sander S. 150; Vezanis S. 143.

VI. Der materielle Verfassungsbegriff

det werden, die nicht nur das Verfahren, sondern auch den Inhalt der Gesetzgebung betreffen. Vor allem im Grundrechtskatalog werden für die Gesetzgebung Richtlinien aufgestellt und Schranken errichtet[285].

Mit der Verfassung als Einsetzungsnorm für einfache Gesetze ist die Normstufe erreicht, von der aus nach der verfassunggebenden Gewalt zu fragen ist.

b) Gemeinsamkeiten der reinen Rechtslehre mit klassischen Lehren

Die soeben geschilderte Normstufenlehre, die von der Wiener Schule mit besonderer Konsequenz theoretisch ausgebaut wurde, ist für das Verhältnis der Verfassung zum einfachen Gesetz nicht neu. Vor allem fügt sich in diesen Gedankengang die überwiegend anerkannte klassische Lehre ein, nach der die gesetzgebende Gewalt ihre Befugnis der Verfassung verdankt. Einflußreich war insbesondere die Lehre des Sieyès[286], der scharf zwischen dem pouvoir constituant und dem pouvoir constitué unterscheidet. Die Verfassung sei ein Werk der verfassunggebenden Gewalt. Die Verfassungsgesetze, die die grundlegende erste Stufe bildeten, setzten die Gesetzgebung ein. Diese könne als delegierte Gewalt nichts an den Bedingungen ihrer Delegation ändern. Im Gegensatz zur verfassunggebenden Gewalt sei die gesetzgebende Gewalt an Formen gebunden, die die Verfassung ihr auferlege. Die beiden Gewalten dürften keineswegs miteinander vermengt werden[287].

c) Auseinandersetzung mit kritischen Stellungnahmen

aa) Identität der verfassungsändernden mit der gesetzgebenden Gewalt

Die Normstufenlehre beansprucht, allgemeingültige Aussagen machen zu können, die nicht von positiv-rechtlichen Ausgestaltungen abhängen[288]. Wenn die Verfassung kein besonderes, von der Gesetzgebung verschiedenes Organ zur Verfassungsänderung vorsieht, wird fraglich, ob die verfassungsändernde Gewalt ihre Befugnis aus der Verfassung herleiten muß oder herleiten kann.

Die Identität des verfassungsändernden mit dem gesetzgebenden Organ nach deutscher Verfassungstradition[289] ist für zahlreiche Autoren das ausschlaggebende Argument gewesen, die Nichtigkeit verfassungs-

---
[285] Kelsen, VVDStRL H. 5, S. 36 f.; RR S. 230.
[286] S. 130.
[287] S. 139; als weitere frühe Stellungnahme Vattel, t. I 1. I ch. III § 34.
[288] Nawiasky, AllgRL S. 52.
[289] Steiner S. 157

widriger Gesetze und damit auch das richterliche Prüfungsrecht zu verneinen. Bezeichnend ist die Stellungnahme Labands, der die Unterscheidung von Verfassungsgesetzen und anderen Gesetzen für „praktisch vollständig überwunden"[290] hält: „Die Verfassung ist keine mystische Gewalt, welche über dem Staate schwebt, sondern gleich jedem andern Gesetz ein Willensakt des Staates und mithin nach dem Willen des Staates veränderlich[291]." Es gebe im Staate keinen höheren Willen als den des Souveräns. In diesem wurzele gleichmäßig die verbindliche Kraft der Verfassung wie die der Gesetze[292]. Auf die Weimarer Verfassung bezogen schreibt Anschütz[293], dem deutschen Staatsrecht sei der Gedanke einer von der gesetzgebenden Gestalt verschiedenen und ihr übergeordneten verfassunggebenden Gewalt fremd. Die Verfassung stehe nicht über der Legislative, sondern zu ihrer Disposition[294]. Wenn die Verfassung als einfaches Gesetz anzusehen ist, kann die Verfassung nicht als Einsetzungsnorm für einfache Gesetze eingestuft werden.

Diese Überlegungen gehören der Geschichte der Verfassungslehre an. Nach Art. 79 II i. V. m. Art. 77, 78 GG werden bei Verfassungsänderungen dieselben gesetzgebenden Organe tätig wie bei einfachen Gesetzen[295]. Dennoch ist der Gesetzgeber nach Art. 1 III, 20 III an die verfassungsmäßige Ordnung gebunden. Art. 100 I sieht ein richterliches Prüfungsrecht vor, während das Verwerfungsrecht dem Bundesverfassungsgericht vorbehalten ist. Weitere Fälle der Normenkontrolle sind in Art. 93 Ziff. 2, 4a, 4b GG i. V. m. den Vorschriften des BVerfGG geregelt. Wenn eine Rechtsordnung keine besonderen, von der gesetzgebenden Gewalt getrennten verfassungsändernden Körperschaften vorsieht, so ist ein verfassungstheoretischer Schluß auf die Geltung verfassungswidriger Gesetze nicht zwingend. Auch wenn keine zweifelsfreie positivrechtliche Regelung vorliegt, lassen sich aus der Identität des verfassungsändernden mit dem gesetzgebenden Organ keine Folgerungen ziehen.

Maßgeblich ist das Verhältnis von Rechtsnormen zueinander. Verfassungsändernde Gesetze und einfache Gesetze, also Normen, die im Über- und Unterordnungsverhältnis zueinander stehen, können von ein und demselben Organ geschaffen werden[296]. Der verfassungsändernde Gesetzgeber wendet die Revisionsklausel der Verfassung an, wenn er

---

[290] AöR 9, 270 ff., 273 ff.
[291] StRDR II S. 39.
[292] Laband StRDR II S. 39; ähnlich Somló S. 317.
[293] VerfDR Art. 76 Anm. 1.
[294] Hatschek, StR S. 24 ff., Maschke S. 18 f.; Meyer / Anschütz S. 30 f., 644, 743; w. N. bei von Hippel, HdBDStR II S. 546 ff.
[295] Jesch, S. 99 f.; Klein, KudW III S. 584; von Mangoldt, Art. 79 Anm. 2; von Mangoldt / Klein, Art. 79 Anm. V 1, VI 1; Meyer-Goßner S. 66.
[296] Kelsen, RR S. 230.

ein verfassungsänderndes Gesetz beschließt. Die Rechtsetzung beim Beschluß eines einfachen Gesetzes bedeutet eine Anwendung des Gesetzgebungsverfahrens, das die Verfassung für einfache Gesetze vorsieht. Dabei ist der Gesetzgeber an die Verfassung, eine Norm, nicht an den natürlichen Willen einer verfassungsändernden Gewalt gebunden. Im verfassungsändernden Gesetzgebungsverfahren werden Normen mit Verfassungsrang hervorgebracht, im Verfahren der einfachen Gesetzgebung einfache Gesetze. Diese Verfahren und Funktionen sind bei Identität des beschließenden Organs zu unterscheiden[297].

bb) Zur Geltung verfassungswidriger Gesetze

α) Das konstitutive Element unrichtiger Entscheidungen

Zwangsläufig gegen die Normstufenlehre richtet sich der Dezisionismus C. Schmitts. Insbesondere ist auf die Probleme einzugehen, die sich aus der Geltung verfassungswidriger Gesetze ergeben. In diesem Zusammenhang schreibt C. Schmitt der staatlichen Autorität die Fähigkeit zu, Recht zu schaffen, ohne Recht zu haben[298]. Er hält es für unmöglich, den juristischen Schluß bis zum letzten Rest aus den Prämissen abzuleiten. Das konstitutive Element, das C. Schmitt besonders in der unrichtigen Entscheidung und im fehlerhaften Staatsakt erblickt, sieht er als zwingendes Argument gegen die These an, nach der Recht nur aus Recht ableitbar ist[299]. Um vorzugreifen: In der Regel ist ein fehlerhafter Staatsakt nicht nichtig, sondern kann Geltung erlangen. Wenn der Grund seiner Geltung in sozialer Macht oder einem Souveränitätsprinzip zu finden ist, kann die Normstufenlehre nicht aufrechterhalten werden.

β) Die scheinbare Nichtigkeit verfassungswidriger Gesetze

Eine Theorie, die die Rechtsordnung als durchgängiges System von Rechtsetzung und Rechtsanwendung begreift, muß scheinbar zwangsläufig zur Nichtigkeit normwidrig gesetzter Akte kommen. Für diese Rechtstheorie bilden das übergeordnete und das untergeordnete Normensystem eine Einheit, die dadurch hergestellt wird, daß die höhere Ordnung als Quelle für die niedere fungiert. Innerhalb dieser Einheit soll es, wie Kelsen früher gemeint hat, begrifflich unmöglich sein, daß

---

[297] Ehmke, AöR 79, 399; von Mangoldt / Klein, Vorbem. II 2 c vor Abschnitt VII, Menzel, VÄ S. 155; Steiner S. 169 f. Zur Bismarckschen Verfassung von Herrnritt S. 31; G. Jellinek AllgStL S. 363; zur Weimarer Verfassung besonders Preuß S. 651.
[298] Pol. Th. S. 20.
[299] Pol. Th. S. 41.

die höherrangige Norm eine Ermächtigung zu einer niederrangigen Norm enthält, die sich zu der höheren in Widerspruch setzt[300]. Wenn in diesem Sinne Völkerrecht und Staatsrecht als einheitliche Rechtsordnung betrachtet werden, so folgt daraus die staatsrechtliche Nichtigkeit völkerrechtswidriger Normsetzungsakte[301]. Für das Verhältnis von Verfassungsrecht zum Gesetzesrecht ergibt sich konsequent die Nichtigkeit verfassungswidriger Gesetze. Normen, die über die Ermächtigung hinausgehen, die der niederen Ordnung zu Grunde liegt, hält Kelsen für nichtig[302]. Er deutet das Verhalten eines Staatsorgans außerhalb seiner Kompetenz nicht als Organfunktion[303]. Übereinstimmend verweist Merkl eine Norm scheinbaren Rechts in den Bereich des Nichtrechts, wenn sie die Determination durch das bedingende Recht vermissen läßt[304]. Wenn der einfache Gesetzgeber seine Kompetenzen überschreitet, scheint er ultra vires zu handeln[305].

γ) Die Zurechnung fehlerhafter Normsetzungsakte
zur Rechtsordnung

Im positiven Recht können jedoch unterschiedliche Regelungen über das Schicksal verfassungswidriger Gesetzgebungsakte enthalten sein. Die Nichtigkeit als Rechtsfolge eines Verstoßes gegen die Verfassung ist keineswegs zwingend. Das verfassungswidrige Gesetz kann nur vernichtbar oder auch trotz seiner Fehlerhaftigkeit unaufhebbar gültig sein.

Die Normstufenlehre ist berechtigt, fehlerhafte Gerichtsurteile und Verwaltungsakte mit in die Argumentation einzubeziehen, denn diese individuellen Normen werden wie Gesetzgebungsakte als Rechtsetzung aufgefaßt[306]. Rechtswidrige Entscheidungen der Gerichte und Verwaltungsbehörden[307] sind nur in Ausnahmefällen nichtig, obwohl sie nicht den generellen Normen entsprechen, die der zu setzenden individuellen Norm zu Grunde liegen. Der Instanzenzug und die gerichtliche Kontrollierbarkeit der Verwaltung bilden Vorkehrungen gegen rechtswidriges Organhandeln. Nur von bestimmten Organen und nur in

---

[300] Kelsen, ProblSouvVR S. 112 f.
[301] Kelsen, ProblSouvVR S. 146 ff., dazu kritisch Verdross, VR S. 111 ff. mwN.
Später gibt Kelsen diese Ansicht auf: RR S. 330 f.
[302] Kelsen, AllgStL S. 107, 254.
[303] RR S. 156.
[304] Merkl, Rechtskraft S. 286 f., 292.
[305] Kompetenzüberschreitungen halten für richtig Burdeau III 182, Dupraz S. 399 a f.; Hauriou S. 296, 300 ff.; G. Jellinek, System subj. öff. R. S. 227; Loewenstein, ErschfVÄ S. 210, 217; eindeutig schon Sieyès S. 127.
[306] s. o. C. VI. 2. a). Eine gänzliche Unvergleichbarkeit vertritt Hamann, NJW 59, 1465 ff., 1467.
[307] Statt vieler Forsthoff, Verwaltungsrecht AT S. 213 ff.

VI. Der materielle Verfassungsbegriff

einem bestimmten Verfahren kann die fehlerhafte individuelle Norm aufgehoben werden. Aus dieser Regelung läßt sich die Gültigkeit der Norm vor ihrer Aufhebung folgern[308], denn die Aufhebbarkeit brauchte im Falle der Nichtigkeit nicht geregelt zu werden. Die Rechtsmittelbestimmungen enthalten ein Fehlerkalkül[309], das es juristisch ermöglicht, Akte als Rechtssetzungsakte anzuerkennen, die von den aufgestellten Voraussetzungen abweichen[310]. Wenn jedermann befugt wäre, über die Aufhebung zu entscheiden, käme bei keinem Gerichtsurteil eine die Partei bindende Entscheidung zustande. Sobald aber der Instanzenzug erschöpft ist, kann die Rechtmäßigkeit des Gerichtsurteils nicht mehr in Frage gestellt werden. Nach dem Eintritt der Rechtskraft gilt die individuelle Norm, die nicht der ihr zu Grunde liegenden gesetzlichen Regelung entspricht. Das positive Recht rechnet mit solchen Entscheidungen und läßt sie in Rechtskraft erwachsen. Demnach ist das letztinstanzliche Gericht ermächtigt, eine individuelle Norm zu erzeugen, die von der gesetzlichen Regelung abweicht[311].

Ebenso wie bei fehlerhaften individuellen Normen ergeben sich bei verfassungswidrigen Gesetzen aus dem Aufhebungsverfahren Folgerungen auf ihre Gültigkeit.

Wenn eine Verfassung den Gerichten und Verwaltungsbehörden die Anwendung verfassungswidriger Gesetze vorschreibt, sind diese nicht unbeachtlich, sondern schlicht gültig. In den Fällen, in denen das gesetzgebende Organ unanfechtbar über die Verfassungsmäßigkeit der Gesetze entscheidet, kommt ein Gesetz zustande, dessen Rechtmäßigkeit ebensowenig wie ein rechtskräftiges Urteil in Frage gestellt werden kann[312].

Bei der entgegengesetzten Regelung ermächtigt das positive Recht jedermann, über die Gültigkeit verfassungswidriger Gesetze zu entscheiden. Wenn nicht bestimmte Organe in einem bestimmten Verfahren über die Aufhebung des Gesetzes zu entscheiden haben, ist das Gesetz von Anfang an nichtig. Dies trifft nach heutigem Verfassungsrecht für fehlerhafte Verordnungen unstreitig zu[313]. Ebenso sind nach Art. 123 I GG Gesetze aus der Zeit vor dem Zusammentritt des Bundestages ohne weiteres nichtig, soweit sie dem Grundgesetz widersprechen[314].

---

[308] Merkl, Rechtskraft S. 301.
[309] Merkl, Rechtskraft S. 299.
[310] Merkl, Rechtskraft S. 293, 300.
[311] Kelsen, RR S. 271 - 274; AllgStL S. 278, 285; Merkl, Rechtskraft S. 286 ff.
[312] Kelsen, RR S. 277.
[313] BVerfGE 1, 201, 206, 262; 17, 209 f.
[314] BVerfGE 18, 219 mwN.

Das BVerfG[315] und zahlreiche Autoren[316] halten aber auch verfassungswidrige formelle nachkonstitutionelle Gesetze für nichtig. Begründet wird dies mit der Bindung der Gesetzgebung an die Verfassung und besonders an die Grundrechte, Art. 1 III, 20 III. Gerichte dürften ein verfassungswidriges „Gesetz" nicht anwenden, Art. 100 GG, die Verwaltung brauche es nicht zu vollziehen und der Bürger brauche es nicht zu beachten[317].

Bedenklich an der ipso-iure-Nichtigkeit verfassungswidriger Gesetze ist insbesondere, daß jedermann über den Geltungsanspruch eines Gesetzes soll entscheiden können[318]. Konsequenterweise muß dies auch nach einem Spruch des BVerfG gelten, der die Vereinbarkeit eines Gesetzes mit dem Grundgesetz festgestellt hat. Ein die Rechtsunterworfenen bindendes Gesetz käme auf diese Weise nie zustande[319]. Im Interesse der Rechtssicherheit und Rechtsklarheit hat das BVerfG[320] entschieden, niemand könne sich vor der Entscheidung des BVerfG auf die Nichtigkeit des Gesetzes berufen[321]. Auch die Gerichte dürfen, wie sich aus Art. 100 GG ergibt, Gesetze, von deren Verfassungswidrigkeit sie überzeugt sind, nicht einfach als nichtig im Sinne von unbeachtlich behandeln. Sie müssen das Verfahren aussetzen und die Entscheidung des BVerfG einholen. Dem BVerfG allein steht die Verwerfungskompetenz zu. Sinn dieser Regelung ist, die Autorität der Legislative vor einfachen Gerichten zu schützen[322]. Er würde vollends vereitelt, wenn jedermann über die Nichtigkeit eines Gesetzes zu entscheiden hätte[323]. Die Entscheidung des BVerfG, mit der das verfassungswidrige Gesetz aufgehoben wird, muß daher, anders als Arndt[324] meint, als konstitutiv angesehen werden[325]. Einer besonderen Regelung, die das Organ und Verfahren der Aufhebung bestimmt, bedürfte es im Falle der ipso-iure-Nichtigkeit des Gesetzes nicht, denn nur ein gültiges Gesetz kann aufgehoben werden[326].

---

[315] BVerfGE 1, 37; 7, 387.

[316] Arndt, NJW 57, 363, NJW 59, 864, NJW 59, 2145; Hamann NJW 59, 1467; wN bei Hoffmann, JZ 61, 194, der die gegenteilige Auffassung vertritt.

[317] Arndt, NJW 57, 363.

[318] Grund, NJW 57, 1625.

[319] Kelsen, RR S. 275.

[320] E 3, 44.

[321] Zustimmend Hoffmann, JZ 61, 198 mit einer weitergehenden Analyse der Rspr. S. 197 aaO.

[322] BVerfGE 1, 127; 2, 129; 4, 340; 10, 127.

[323] Götz, NJW 60, 1178 f.

[324] NJW 59, 864.

[325] Hoffmann, JZ 61, 198.

[326] Kelsen, RR S. 271.

Verfassungswidrige Gesetze sind nach der Regelung, die das Grundgesetz getroffen hat, nicht nichtig, sondern nur vernichtbar[327].

Trotz der verschiedenen Gestaltungsmöglichkeiten des positiven Rechts muß ein Minimum an richterlichem Prüfungsrecht erhalten bleiben. Nicht alles, was mit dem Anspruch, Gesetz zu sein, auftritt, kann als Gesetz angesehen werden. Die Gerichte müssen prüfen können, ob überhaupt eine Äußerung des Gesetzgebungsorgans vorliegt. Dieses muß in der Verfassung bestimmt werden, denn Äußerungen anderer Organe können auch bei Ausschluß des richterlichen Prüfungsrechts nicht als Gesetzgebungsakte angesehen werden. Sobald aber das gesetzgebende Organ in der Verfassung bestimmt ist, handelt dieses nicht mehr souverän, sondern kraft einer ihm zugewiesenen Kompetenz. Es ist widersprüchlich, das Parlament sowohl als Souverän[328] als auch als pouvoir constitué zu bezeichnen[329]. Wenn die Befugnis des Parlaments aus der Verfassung herzuleiten ist[330], sind weitere Deduktionen aus dem Souveränitätsbegriff ausgeschlossen. Ein Organ, das seine Stellung einer Rechtsregel verdankt, kann nicht mehr als souverän angesehen werden[331]. Die gesetzgebende Gewalt ist eine konstituierte Gewalt, auch wenn das richterliche Prüfungsrecht ausgeschlossen ist.

δ) Die Unerläßlichkeit eines Fehlerkalküls

Jede Rechtsordnung muß das Ingeltungtreten fehlerhafter Rechtsakte tolerieren. Der Instanzenzug, die Kontrolle der Kontrolleure, muß nach „oben" ein Ende haben. Das letztinstanzliche Gericht, dessen Urteil in Rechtskraft erwächst, kann ein gültiges, fehlerhaftes, unaufhebbares Urteil verkünden. Aus seiner Unkontrollierbarkeit kann jedoch nicht gefolgert werden, es sei nicht im Sinne des Art. 20 III GG an das Gesetz gebunden. Ebenso ist der unkontrollierbare Gesetzgeber, also nicht der des GG, an die Verfassung gebunden. Von einer „Wahl"[332] zwischen dem Gesetzgebungsweg, den die Verfassung bestimmt, und einem andern, den das Gesetzgebungsorgan selbst zu bestimmen hat, kann aber die Rede nicht sein. Rechtliches Können darf nicht mit rechtlichem Dürfen gleichgesetzt werden.

---

[327] Unrichtig ist die Gleichsetzung von Nichtigkeit mit ex-tunc-Wirkung, so aber Geiger § 78 Anm. 4. Vernichtbarkeit statt Nichtigkeit vertreten Flor, NJW 57, 246; Götz, NJW 60, 1177 ff.; Grund, NJW 60, 1625; Hoffmann JZ 61, 198; Maisch, NJW 59, 228; Rönitz, NJW 60, 226 ff.; Wolff I § 30 I c; BFH BStBl III 1959, 141; OVG Münster, NJW 60, 262 ff.
[328] Jesch S. 99.
[329] Jesch S. 100.
[330] Jesch S. 100.
[331] Vezanis S. 145.
[332] Kelsen, RR S. 278.

Nach der Rechtslage unter dem GG ist es denkbar, daß das BVerfG entscheidet, ein verfassungswidriges Gesetz sei verfassungsgemäß. Die Überprüfbarkeit eines solchen Gesetzes hat mit der Entscheidung des BVerfG ein Ende gefunden und die Verletzung ist ebenso in Kauf zu nehmen, als wenn das Gesetzgebungsorgan selbst über die Verfassungsmäßigkeit zu entscheiden hätte. Mit absoluter Sicherheit kann die Bindung des Gesetzgebers an die verfassungsmäßige Ordnung nicht durchgesetzt werden.

Der Gesetzgeber hat die Möglichkeit, verfassungswidrige Normen zu setzen. Das Fehlerkalkül, das die Zurechnung solcher Gesetze zur Rechtsordnung ermöglicht, liegt in der Bestimmung, die den Gerichten verbietet, diese Gesetze als unbeachtlich zu behandeln[333]. Da das Fehlerkalkül in der Verfassung enthalten ist, ergibt sich auch die Gültigkeit von Gesetzen, die Verfahrensvorschriften oder inhaltliche Bestimmungen verletzten, aus der Verfassung. Der Sprachgebrauch „verfassungswidriges Gesetz" ist ungenau, da auch ein solches Gesetz seine Gültigkeit aus der Verfassung, nämlich dem in ihr enthaltenen Fehlerkalkül, herleitet. Auf Autorität, Macht, Souveränitätsakte oder die Eigenschaft, Repräsentant des souveränen Volkes zu sein, kann und muß in der Begründung der Geltung verfassungswidriger Gesetze verzichtet werden[334].

Die Geltung des fehlerhaften Staatsaktes, insbesondere die Geltung des verfassungswidrigen Gesetzes, steht der Normstufenlehre nicht entgegen[335].

d) Der notwendige Inhalt der Verfassung in bezug auf die Gesetzgebung

Die Verfassung ist die Einsetzungsnorm für einfache Gesetze. Doch können die Bestimmungen der Verfassung über die Gesetzgebung unterschiedlichen Umfang haben.

aa) Inhalt

Am weitesten geht die Determination des zu erzeugenden Gesetzes, wenn neben dem Gesetzgebungsorgan und dem Gesetzgebungsverfahren auch der Inhalt des Gesetzes vorgeschrieben wird, etwa indem Programme aufgestellt oder Grundrechte dem Zugriff des Gesetzgebers entzogen werden[336]. Ohne weiteres leuchtet ein, daß die in-

---

[333] Fleiner / Giacometti S. 932; Merkl, Rechtskraft S. 293/294.

[334] Dagegen besonders Kägi, Verfassung S. 163.

[335] In den Frühwerken Kelsens findet sich die Lehre vom Fehlerkalkül nicht, vgl. Probl SouvVR S. 113. Maßgeblich dürften die Ausführungen Merkls, Rechtskraft S. 293 für die Wiener Schule gewesen sein.

[336] Dabei kann auf den Inhalt einfacher Gesetze Bezug genommen werden. So Leisner, JZ 64, 201 ff. 204 unter Hinweis auf institutionelle Garantien

VI. Der materielle Verfassungsbegriff

haltliche Vorherbestimmung eines Gesetzes unterschiedlichen Umfang haben kann oder überhaupt nicht vorzuliegen braucht. Inhaltliche Verbote oder Richtlinien für die Gesetzgebung gehören damit nicht zum normlogisch zwingenden Bestandteil der Verfassung.

bb) Verfahren

Ebenso können Verfahrensvorschriften in unterschiedlichem Umfange in der Verfassung geregelt sein oder dem Gesetzgebungsorgan selbst überlassen bleiben. So sieht Art. 77 I GG i. V. m. Art. 42 II S. 1 zu einem Gesetzesbeschluß die einfache Mehrheit als erforderlich an. Der Autonomie des Bundestages ist es überlassen, in seiner Geschäftsordnung darüber zu entscheiden, wann er beschlußfähig ist[337] und wieviel Lesungen der Gesetzesvorlage stattzufinden haben[338]. Demgegenüber schreiben andere Verfassungen die Zahl der Lesungen zwingend vor, Art. 45 III Berliner Verfassung, Art. 49 I Hamburger Verfassung. Da die Geschäftsordnung des Bundestages als autonome Satzung im Range unter dem einfachen Gesetz steht[339], kann sie für dieses nicht als Einsetzungsnorm angesehen werden. Die obige Definition[340], nach der zur Verfassung im materiellen Sinne die Verfahrensvorschriften für den Gang der einfachen Gesetzgebung gehören, ist demnach zu präzisieren. Verfahrensvorschriften gehören nicht begriffsnotwendig in die Verfassung. Nur soweit sie in der Verfassungsurkunde selbst enthalten sind, bilden sie den Geltungsgrund einfacher Gesetze.

cc) Organ

Die Verfassung als höhere Norm kann das Gesetzgebungsorgan bestimmen und dabei sowohl Verfahren wie Inhalt der einfachen Gesetzgebung dem Gesetzgebungsorgan selbst überlassen. Fraglich ist, ob in der Verfassung auch die Bestimmung des Gesetzgebungsorgans offen bleiben kann. Dazu wurde im Zusammenhang mit dem richterlichen Prüfungsrecht schon erwähnt, daß nicht alles, was mit dem Anspruch, Gesetz zu sein, auftritt, als Gesetz angesehen werden kann[341].

Die Rechtserzeugung muß nach obigem als Rechtsanwendung begriffen werden können. Einem Staatsorgan ist ein bestimmter Zuständigkeitsbereich durch eine Rechtsnorm zugeordnet, die im Range über den

---

und Institutsgarantien, die Grundzüge der einfachen Gesetzgebung darstellen.

[337] von Mangoldt / Klein Art. 42 Anm. IV 3.
[338] von Mangoldt / Klein Art. 77 Anm. III 6 a.
[339] Klein, JuS 64, 186; Loewenstein, ErschfVÄ S. 262; Münch, AöR 80, 240; Hatschek, Parlamentsrecht I S. 40; Altmann, DöV 56, 751 ff.
[340] C. VI. 2 a).
[341] C. VI. 2. bb) γ.

von dem Organ erzeugten Normen steht. Ohne Kompetenzen ist ein Staatsorgan nicht vorstellbar[342]. Die Bestimmung eines Staatsorgans in einer Rechtsnorm ermöglicht die Zurechnung seiner Akte zur Rechtsordnung[343]. Eine höherrangige Norm erhebt den zur Wirklichkeit gehörenden Akt zum Rechtsakt und seinen Urheber zum Staatsorgan[344]. Im Verhältnis zwischen der höheren und niederen Norm muß in der höheren Norm mindestens das Organ bestimmt sein, das die niedere zu setzen befugt ist[345].

Das Gesetzgebungsorgan wird von der Verfassung, der gegenüber dem Gesetz höherrangigen Norm, geschaffen und mit der Befugnis zur Gesetzgebung ausgestattet. Die Verfassung ermöglicht es, bestimmte Menschen als Träger des Gesetzgebungsorgans anzusehen. Ihre Äußerungen, die subjektiv den Sinn von Gesetzgebungsakten haben, werden von der Verfassung mit objektiver Verbindlichkeit ausgestattet. In jedem Gesetzgebungsakt wendet das Gesetzgebungsorgan die Verfassung an, durch die es geschaffen wurde.

Um das Recht als durchgängiges System von Rechtsanwendung und Rechtserzeugung auch auf der Stufe von der Verfassung zum einfachen Gesetz auffassen zu können, ist es unerläßlich, daß die Verfassung das Gesetzgebungsorgan bestimmt. Diese Bestimmung ist logisch zwingender Bestandteil der Verfassung[346].

dd) Normen über die Gesetzgebung im Range unter der Verfassung

Die Regelung von Verfahrensvorschriften über die Gesetzgebung durch Normen im Range unter der Verfassung stellt die Normstufenlehre nicht in Frage, da die Verfahrensvorschriften keinen unerläßlichen Bestandteil der Verfassung bilden. Die Normstufenlehre sieht jedoch die Bestimmung des Gesetzgebungsorgans als Minimum dessen an, was in der Verfassung geregelt werden muß. Darum können Normen im Range unter der Verfassung, die das Gesetzgebungsorgan zum Gegenstande haben, Zweifel an der logischen Geschlossenheit der Normstufenlehre begründen. Eine Norm kann nicht für eine gleichrangige oder höherrangige, sondern nur für eine Norm unterer Stufe den Geltungsgrund bilden.

---

[342] Affolter S. 24 ff.; Sander S. 149 Fn. 1.
[343] Henrich S. 201; von Herrnritt S. 46; Kelsen, RR S. 154; Wolff II § 74 I a.
[344] Merkl, Rechtskraft S. 238.
[345] Kelsen, RR S. 241.
[346] Ebenso unter Einbeziehung des Gesetzgebungsverfahrens Burckhardt S. 203; Fleiner / Giacometti S. 21; Giacometti S. 16; Nawiasky, AllgRL S. 37; Sander S. 149.

VI. Der materielle Verfassungsbegriff

Das GG regelt die Zusammensetzung des Bundestages nicht erschöpfend. Art. 38 GG enthält zwar die grundlegenden Vorschriften über die Wahl zum Bundestag und die Rechtsstellung der Abgeordneten. Das Nähere überträgt aber Art. 38 III GG dem einfachen Gesetz. Das GG enthält im Gegensatz zu Art. 22 I 1 Weimarer Verfassung keine Regelung darüber, ob das Verhältnis- oder Mehrheitswahlrecht zu gelten hat. Über den politischen Rang dieser Frage und seine Tragweite für die Zusammensetzung des Bundestages braucht nichts gesagt zu werden. Auch andere Vorschriften von erheblicher Bedeutung für die Zusammensetzung des Bundestages sind in Normen im Range unter der Verfassung enthalten. Das GG kann schon aus räumlichen Gründen nicht sämtliche Vorschriften aufnehmen, die zur Organisation des Bundestages in Bezug stehen. Dem Stil einer Verfassung entsprechend beschränkt sich das Grundgesetz darauf, auch bei der Organisation des Gesetzgebungsorgans nur die Grundsätze[347] zu regeln und die Einzelheiten anderen Vorschriften, dem BWahlG und der BWahlO zu überlassen[348]. Das Blankett, das den Gesetzgeber zur Regelung des Näheren ermächtigt, findet an den Grundsätzen, die in der Verfassung selbst geregelt sind, seine Schranken. Die Ausführungsgesetze können nur von einem bereits konstituierten Organ erlassen werden.

Bei der Lehre, nach der jede Rechtssetzung zugleich Rechtsanwendung bedeutet, kann an die oben[349] geschilderte fortschreitende inhaltliche Konkretisierung eines allgemeinen Grundsatzes in Einzelbestimmungen angeknüpft werden. Dabei hat sich ergeben, daß im Grundsatz nicht jede konkrete Normierung eingeschlossen ist, diese mithin neue Elemente enthält. Nach der Normstufenlehre sind nur in formeller Hinsicht die Normen der unteren Stufen in den oberen insofern enthalten, als die obere Stufe die Ermächtigung für Akte der unteren Stufe bildet[350]. Die Einsetzungsnorm für den Gesetzgeber in der Verfassung hat sich als Grundsatz erwiesen, der der inhaltlichen Konkretisierung durch Einzelvorschriften bedarf. In der Normstufenlehre bleibt der Einfluß unbeachtet, den die niederrangigen Normen ihrerseits auf den Inhalt ihrer eigenen Einsetzungsnorm nehmen können. Am Verhältnis des Grundsatzes zur Einzelregelung wurde gezeigt, daß der Grundsatz seinerseits einen Teil seiner Bedeutung aus den ihn konkretisierenden Normen gewinnt. Es ist nicht so, daß die Kette der Einsetzungsnormen nur von „oben" nach „unten" verläuft. Die gegenläufige Bestimmung der Einsetzungsnormen durch niederrangige Vorschriften ist zu berücksichtigen. Der Inhalt der Vorschriften, die den Bundestag

---

[347] Kägi, Verfassung S. 60; Klein, KudW II S. 438.
[348] Allgemein Giacometti S. 38.
[349] C. VI. 1. b) aa).
[350] Nawiasky, AllgRL S. 51.

zum Gesetzgebungsorgan einsetzen, wird im Bundeswahlgesetz näher bestimmt, das der Bundestag selbst beschlossen hat.

Wenn beide Richtungen der Determination gleichwertig wären, könnte die Lehre von der Normenhierarchie nicht mehr anerkannt werden. Ein Minimum der Bestimmung des gesetzgebenden Organs in der Verfassung selbst hatte sich jedoch als unumgänglich herausgestellt. Die Grundsätze über das Gesetzgebungsorgan wahren ihre Eigenständigkeit gegenüber den konkretisierenden Regelungen.

Es ist darum möglich, in der Verfassung die Einsetzungsnorm für einfache Gesetze zu sehen. In der Verfassung wird das Gesetzgebungsorgan geschaffen. Das Gesetzgebungsverfahren kann in der Verfassung selbst enthalten sein und gehört dann neben der Bestimmung des Gesetzgebungsorgans zum Tatbestand des Geltungsgrundes für einfache Gesetze. Es kann aber auch dem Gesetzgebungsorgan selbst überlassen bleiben, das Verfahren der Gesetzgebung zu regeln.

e) Die zu starke Verengung des Verfassungsbegriffs in der reinen Rechtslehre

Der Verfassungsbegriff der reinen Rechtslehre beruht auf einer logisch zwingenden Gedankenkette. Legt man sich jedoch die Frage vor, ob mit der Einsetzungsnorm für die einfache Gesetzgebung die für einen Staat unerläßliche grundlegende rechtliche Ordnung geschaffen wurde, so kann die Antwort nur nein lauten. Zwar kommt im Verfassungsrecht dem Gesetzgebungsorgan das Hauptgewicht zu[351], wie es auch das GG in Art. 20 III mit den Worten zum Ausdruck bringt: „... die vollziehende Gewalt und die Rechtsprechung sind an Gesetz und Recht gebunden". Der Verfassungsbegriff der Normstufenlehre ist jedoch viel zu eng. Die Bedeutung der Gesetzgebung wird über Gebühr in den Vordergrund gerückt[352]. Ein Staatsgrundgesetz reicht ohne Normen, die die Stellung der Gerichtsbarkeit und der vollziehenden Gewalt zum Gegenstande haben, nicht für das Staatsleben aus. Die Normen über die obersten Vollzugsorgane können nicht zu „Grundsätzen, Richtlinien und Schranken für den Inhalt der Gesetze"[353] umgedeutet werden.

3. Der hier vertretene materielle Verfassungsbegriff

Die Verfassung im materiellen Sinne umfaßt die Gesamtheit der Rechtssätze über Bildung, Aufgaben und Zuständigkeiten der obersten

---

[351] Elgeti S. 70; Jesch S. 100; Kaufmann, KudW II S. 795; O. Mayer S. 87; Meyer / Anschütz, S. 31 Fn. e, 645; Zweig S. 310.
[352] Henrich S. 202 f.
[353] Kelsen, VVDStRL H. 5 S. 39.

VI. Der materielle Verfassungsbegriff

Staatsorgane, über die grundlegenden Staatseinrichtungen und über die Stellung des Bürgers im Staate[354]. Dieser materielle Verfassungsbegriff, der sich in der Staatsrechtslehre eingebürgert hat, ist weiter als der zu enge der Normstufenlehre. Einige ihrer Anhänger lassen daneben die soeben genannte weitere Definition gelten und sprechen von der Verfassung im relativ materiellen Sinne[355].

Wenn die Verfassung im materiellen Sinne als Erzeugnis der verfassunggebenden Gewalt soll angesehen werden können, bedarf es einer Abgrenzung der Verfassungsmaterie von der einfachen Gesetzgebungsmaterie. Dieses Problem ist auch von praktischer Bedeutung, wenn das materielle Verfassungsrecht erschöpfend in die Verfassungsurkunde aufzunehmen ist. Für das GG wird dies mit Art. 79 I 1 zu begründen versucht[356].

Während man sich über die allgemeine Umschreibung des materiellen Verfassungsbegriffs im wesentlichen einig ist, sind nur in Ansätzen Methoden entwickelt worden, die bei einer einzelnen, bestimmten Materie eine überzeugende Abgrenzung zum einfachen Gesetzesrecht ermöglichen sollen. Arndt[357] beruft sich auf die beweiskräftige Überlieferung, die deutsche Rechtsgeschichte und die Verfassungstradition, um die Zugehörigkeit des Wehrrechts zum Verfassungsrecht darzutun. Demnach gehört zum materiellen Verfassungsrecht, was innerhalb eines Rechtskreises üblicherweise in den Verfassungurkunden geregelt wird. Sobald sich eine feste Tradition herausgebildet hat, kann diese einen festen Begriffskern des materiellen Verfassungsrechts als gesichert erscheinen lassen.

Diese Methode versagt aber in Grenzfällen. Der Gegenstand, den die Verfassung regelt, kann nach Zeit und Ort unterschiedlich sein[358]. Wie sich schon gezeigt hat, können das Wahlverfahren und das Gesetzgebungsverfahren sowohl in der Verfassung wie auch in niederrangigen Normen geregelt werden. Dies gilt für das Staatsangehörigkeitsrecht, die Stellung der Gemeinden, das Finanzwesen und zahlreiche andere Rechtsgebiete[359]. Die Grenze des materiellen Verfassungsrechts ist nach „unten" offen[360].

---

[354] Bachof, Verfassungsnormen S. 26; Badura, EvStL Sp. 2347; Darbellay S. 56 f.; Dupraz S. 472 a f.; Hamm S. 1; Hatschek, StR. S. 8; Haug S. 85 ff.; Henrich S. 200 ff.; von Herrnritt S. 1; G. Jellinek, AllgStL S. 505, 532; GuVO S. 262; Jeselsohn S. 11; Klein, KudW II S. 482 f.; Krüger, DöV 61, 722; Loewenstein, VerfL S. 129, Maschke S. 13 f.; von Mangoldt / Klein, Überschrift III 3; Maunz, StR S. 31; Vezanis S. 144 f.; Zweig S. 3.

[355] Affolter S. 21; Dupraz S. 470 a; Fleiner / Giacometti S. 21 ff. 23.

[356] Arndt, KudW I S. 9 ff.; Klein, KudW II S. 484 ff.; Menzel, KudW I S. 302; — a. A. Bundesregierung KudW I S. 22; Scheuner KudW II S. 94 ff.

[357] KudW I S. 9 ff.

[358] Loewenstein, ErschfVÄ S. 242; Scheuner, KudW II S. 112.

Indessen hat sich mit den Vorschriften über das Gesetzgebungsorgan ein enger, aber fester Begriffskern ergeben. Dieser bleibt bei der skeptischen Behauptung unberücksichtigt, es sei überhaupt unmöglich, durch andere als formelle Kriterien die Verfassung vom einfachen Gesetzesrecht abzugrenzen[361]. Andere als formelle Kriterien führen jedoch aus den genannten Gründen zu keinem überzeugenden Ergebnis, wenn der als zu eng erkannte Kernbegriff des materiellen Verfassungsrechts nach der reinen Rechtslehre verlassen wird. Es läßt sich nicht mit Sicherheit sagen, was an der Staatsorganisation grundlegend ist und welche Staatsorgane die wesentlichen sind.

VII. Der formelle Verfassungsbegriff

Der Bereich des formellen Verfassungsrechts ist im Gegensatz zum materiellen Verfassungsrecht fest umrissen. Unter der Verfassung im formellen Sinne sind die Gesetze zu verstehen, die in einer besonderen Urkunde zusammengefaßt sind und die nur in einem Verfahren geändert werden können, das gegenüber dem einfachen Gesetzgebungsverfahren Erschwerungen aufweist[362]. Denn wenn es keine Erschwerungen gibt, kann der einfache Gesetzgeber das Verfassungsrecht umgestalten, ohne daß es noch einen Unterschied zwischen Verfassungs- und Gesetzesrecht gäbe. Neben der Verfassungsurkunde können auch verfassungsrechtliche Nebengesetze im selben Umfange einer erschwerten Abänderbarkeit unterliegen[363], die ausdrücklich angeordnet werden muß[364]. Wenn aus besonderen politischen Gründen die Schaffung einer einheitlichen Verfassungsurkunde unterblieben ist, können an ihrer Stelle bestimmte besondere Verfassungsgesetze von der einfachen Gesetzgebung abgehoben werden[365]. Verfassungsgesetze dieser Art und verfassungsrechtliche Nebengesetze verbietet das GG in Art. 79 I 1. Nicht jeder Staat braucht eine Verfassung im formellen Sinne zu haben.

---

[359] G. Jellinek, AllgStL S. 532; — a. A. Klein, KudW II S. 489, der sich mit einer unbegründeten Gegenbehauptung begnügt.

[360] Bridel / Moor S. 50; Götz, NJW 58, 1024; Haug S. 151; Heller StL S. 274 ff.; Henrich S. 204; Nef S. 114; Seydel / Piloty S. 850.

[361] Bryce S. 360; Haug S. 151; G. Jellinek, AllgStL S. 532 ff.; Loewenstein, ErschfVÄ S. 4.

[362] Bachof, Verfassungsnormen S. 26; Bryce S. 360; Hamm S. 3, 10; Hatschek StR S. 8; Heller, StL S. 275; G. Jellinek, GuVO S. 263; Kelsen, RR S. 228; Maunz, StR S. 36; Nawiasky, AllgRL S. 39; Steiner S. 22.

[363] Batelli S. 28. Beispiele aus dem deutschen Verfassungsrecht bei Jacobi S. 275; W. Jellinek HdBDStR II S. 186; Loewenstein, ErschfVÄ S. 11, unrichtig Köttgen, DVBl. 53, 684.

[364] Laband, StRDR II S. 42.

[365] Beispiele bei Menzel, VÄ S. 153.

VII. Der formelle Verfassungsbegriff

1. Zur Geistesgeschichte geschriebener Verfassungen

Geschriebene Verfassungen sind Kunstschöpfungen der Neuzeit. Als makellose Gebilde der Vernunft entstammen sie geistesgeschichtlich der Aufklärung. Im Sinne der damaligen Ideale waren sie kraft der Beweiskraft ihres Inhalts polemisch gegen den fürstlichen Absolutismus gerichtet. Besonders erschien die Schriftform bei Gewährungen, Verleihungen und Verträgen zur Beweiskraft erforderlich zu sein[366]. Im Gegensatz zu Verfassungen, die sich gewohnheitsrechtlich im Laufe der Zeit entwickelt haben, stellen die schriftlichen Verfassungen bewußte Gestaltungen der staatlichen Ordnung dar[367]. Mit ihnen ist eine verfassunggebende Gewalt als Urheber untrennbar verbunden[368].

2. Der Begriff „Grundgesetz"

Das Grundgesetz bildet eine einheitliche Urkunde, die aus der Überschrift, der Präambel und den Art. 1 - 146 besteht. Dem Begriff „Grundgesetz" in der Überschrift, den Art. 19 I, 56, 70, 79, 81 IV, 83, 92, 93 Ziff. 1, 2; 104 a I, 115 e II, 122 I 123 142 146 ist der der „Verfassung" in Art. 5 III 2, 100 oder der der „verfassungsmäßigen Ordnung" in Art. 20 III[369] gleichzustellen. Hinzu kommen die Bestimmungen der Weimarer Verfassung, die das GG in Art. 140 ausdrücklich zu seinem Bestandteil erklärt. Nicht in das GG rezipiert wurden naturrechtliche Normen oder überpositive Grundwerte[370]. Mit dem Begriff „Grundgesetz" ist die Verfassung im formellen Sinne gemeint.

3. Auseinandersetzung mit der Kritik am formellen Verfassungsbegriff

Die Polemik gegen den formellen Verfassungsbegriff, man könne das Wesen eines Gegenstandes nicht nach dem Verfahren seiner Änderung bestimmen[371], geht an der Sache vorbei. Bei der juristischen Begriffsbildung kommt es auf die Rechtsfolge an, die das Gesetz an bestimmte Tatbestände knüpft. So ist die Frage, an welche Vorschriften der einfache Gesetzgeber gebunden ist, nur nach formellen Gesichtspunkten zu bestimmen. Der Vorrang der Verfassung und ihre erhöhte Bestands-

---

[366] von Beyme S. 57; Curtius S. 12; Ehmke, Grenzen S. 88; Hamm S. 4; Herrfahrdt, RuLd S. 271; Hildesheimer S. 6; Krüger, DöV 61, 721; Menzel VÄ S. 153. Zur Geschichte besonders G. Jellinek, AllgStL S. 507 ff.

[367] Heller, StL S. 271.

[368] Hauriou S. 273, 277; Steiner S. 83 ff.

[369] BVerfGE 6, 38. Die Bedeutung des Begriffes „verfassungsmäßige Ordnung" in anderen Artikeln hängt vom jeweiligen Zusammenhang ab, dazu Maunz / Dürig / Herzog Art. 2 I Rn. 17.

[370] s. o. C. III. 1., 4. d).

[371] Hatschek, StR S. 28; Henke S. 32; besonders C. Schmitt, VerfL S. 19 f.; Vezanis S. 142 f.

garantie sind mit dem formellen Verfassungsbegriff verbunden[372]. Dementsprechend „biegsam" ist die materielle Verfassung bei Staaten ohne Verfassungsurkunde und das materielle Verfassungsrecht außerhalb der Verfassungsurkunde. Dazu gehört in der Bundesrepublik z. B. die Pflicht zur Gewährung diplomatischer Protektion[373].

VIII. Das Verhältnis des materiellen zum formellen Verfassungsrecht

1. Überschneidungen

Die Verfassundsurkunde hat im wesentlichen das materielle Verfassungsrecht zum Gegenstand[374]. In ihr können auch Normen enthalten sein, denen kein materieller Verfassungsrang zukommt[375]. Andererseits braucht die Verfassungsurkunde nicht das gesamte materielle Verfassungsrecht zu regeln. Dies wäre wegen der fließenden Grenze zum einfachen Gesetzesrecht nicht möglich. Eine vollständige Deckung des formellen mit dem materiellen Verfassungsrecht ist nicht zu erreichen. Jeder Kodifikationsversuch ist darum zum Scheitern verurteilt[376]. Schon der Raum gebietet Beschränkungen. Eine zu umfangreiche Verfassungsurkunde würde den Blick für das Wesentliche beeinträchtigen und zahlreiche Änderungen erforderlich machen[377]. Außerdem kann eine Verfassung bewußt auf Regelungen verzichten, um sie einer flexibleren Gestaltung durch einfache Mehrheiten offenzuhalten[378]. Das zur Setzung der Verfassungsurkunde berufene Organ kann nach freiem Ermessen darüber entscheiden, welche Materien in die erhöhte Bestandskraft der Verfassungsurkunde einbezogen werden sollen[379].

2. Kodifikationsgebot in einer vorhandenen Verfassung

Eine Vorschrift der Verfassung selbst kann den von ihr eingesetzten Organen vorschreiben, daß neu auftretende regelungsbedürftige Materien, etwa das Wehrwesen, in die Verfassungsurkunde aufgenommen

---

[372] Dupraz S. 439 a; Fleiner / Giacometti S. 29; Hauriou S. 268; Herzog, DöV 62, 82; Loewenstein, ErschfVÄ S. 3 f.; Maunz, StR S. 46; Menzel KudW I S. 304.

[373] Bryce S. 361 f., Hamm S. 11; Hauriou S. 273; Heller StL S. 274; Hildesheimer S. 24; G. Jellinek, AllgSL S. 534; C. Schmitt, VerfL S. 17.

[374] Loewenstein, ErschfVÄ S. 3; Steiner S. 85 ff.

[375] G. Jellinek, AllgStL S. 532 ff.; Kägi, Verfassung S. 60; Klein, KudW II S. 484; Loewenstein, ErschfVÄ S. 10; Vezanis S. 147.

[376] von Beyme S. 55; Dupraz S. 439 a; Hatschek, StR S. 9; Heller, StL S. 275; Gutmann S. 50; Henrich S. 205; Herzog, AllgStL S. 311; Loewenstein, ErschfVÄ S. 3; Preuß, DJZ 24, 649 f.; Steiner S. 89; Vezanis S. 147.

[377] von Beyme S. 55; Hauriou S. 299.

[378] Hesse, Grundzüge S. 12 f.

[379] Götz, NJW 58, 1024; Kratzmann S. 77.

VIII. Das Verhältnis des materiellen Verfassungsrechts

werden müssen. Nach der Ansicht Menzels[380] ergibt sich diese Forderung aus der Wahl des Verfassungstyps. Das GG sei eine Vollverfassung, von der nicht ein Teil ferngehalten werden dürfe[381]. Klein[382] folgert diesen Charakter des GG aus der Regelung aller Materien von Verfassungsrang, insbesondere aus Art. 79 I 1[383].

Das GG hat jedoch selbst nicht alle Materien von Verfassungsrang, etwa das schon mehrfach erwähnte Wahlrecht, behandelt. Die wirtschafts- und sozialrechtliche Ordnung ist dem einfachen Gesetzgeber überlassen geblieben[384]. Wenn Art. 79 I 1 GG das Gebot enthielte, alles materielle Verfassungsrecht zu beurkunden, würde damit etwas Unmögliches verlangt. Zwischen Voll- und Teilverfassungen gibt es keinen qualitativen Unterschied. Bei einer neu zu regelnden Materie von Verfassungsrang ist eine Einfügung in das GG nur erforderlich, wenn Vorschriften des GG entgegenstehen[385], etwa der Katalog der Bundeszuständigkeiten erweitert werden muß[386]. Davon abgesehen steht es der verfassungsändernden Gewalt des Grundgesetzes frei, welche Materien sie in die Verfassungsurkunde einbeziehen will[387].

3. Das gesetzgebende Organ als notwendiger Inhalt der formellen Verfassung

Es gibt keine Norm, die dem Verfassunggeber vorschreibt, bestimmte Materien in der Verfassungsurkunde zu regeln. Daran ist festzuhalten, wenn untersucht wird, ob aus normlogischen Gründen das gesetzgebende Organ einer Bestimmung in der formellen Verfassung bedarf. Die Höherrangigkeit der Verfassung im absolut materiellen Sinne[388] hatte sich aus der Eigenschaft ergeben, Einsetzungsnorm für einfache Gesetze zu sein. Der logischen Höherrangigkeit könnte das erschwerte Änderungsverfahren der formellen Verfassung entsprechen.

Vezanis[389] leugnet diesen Zusammenhang. Er hält es für möglich, daß eine Verfassungsnorm vom einfachen Gesetzgeber im gewöhnlichen Verfahren gesetzt wird und diese über den niederrangigen Normen steht und sie bindet. Ihm kommt es allein auf die logische Überordnung der Verfassung an und nicht auf die Art und Weise ihrer Setzung.

---
[380] KudW I S. 302 ff.
[381] Zustimmend Klein, KudW II S. 485 ff.
[382] KudW II S. 491; 493; DVBl. 54, 43.
[383] Ebenso anscheinend Ehmke, DöV 54, 452.
[384] Scheuner, KudW II S. 112 ff.
[385] W. Jellinek, DöV 51, 541; Scheuner, KudW II S. 112.
[386] Arndt, KudW I S. 12.
[387] Götz, NJW 58, 1024.
[388] s. o. C. VI. 2. a).
[389] S. 142 f.

Die entgegengesetzte Auffassung vertritt Burckhardt[390]. Die Regelung der gesetzgebenden Gewalt selbst könne die Verfassung dem einfachen Gesetzgeber nicht überlassen. Wenn die Gesetzgebung eine rechtlich begründete Befugnis sein solle, müsse sie in einer anderen Ordnung als der Gesetzgebung selbst begründet sein. Die gesetzgebende Gewalt könne sich nicht selbst mit Kompetenzen ausstatten. Die Regeln, die nicht durch einfaches Gesetz aufgestellt werden könnten, bedürften der verfassungsrechtlichen Form. Ein Staat, der sich der einfachen Gesetzgebung bediene, um die Zuständigkeit zur Gesetzgebung zu ordnen, verwickele sich in logische Widersprüche.

Beide Autoren sehen in der Verfassung das logische Prius für die einfache Gesetzgebung. Bei der Ansicht, die Vezanis vertritt, wird jedoch nicht deutlich, worin die behauptete Bindung des Gesetzgebers an die Verfassung bestehen soll. Wenn Gesetzgebungsorgan und Gesetzgebungsverfahren mit dem verfassungsändernden Organ und dem Verfahren der Verfassungsänderung identisch sind, lassen sich das einfache und das verfassungsändernde Gesetz nicht voneinander unterscheiden. Bei einer derartigen Regelung kann von einer Überordnung der Verfassung nicht die Rede sein.

Vor allem bleibt bei dieser Auffassung die Regelungsbedürftigkeit der gesetzgebenden Gewalt unberücksichtigt, der Burckhardt seine Aufmerksamkeit zuwendet. Nach der Normstufenlehre stellt die Rechtssetzung im Gesetzgebungsverfahren eine Anwendung der Verfassung dar. Eine Norm mit formellem Verfassungsrang kann nur von einem höheren Organ, nämlich dem verfassungsändernden Gesetzgeber, beschlossen werden. Wenn das verfassungsändernde Organ mit dem gesetzgebenden Organ identisch ist, muß das Verfahren der Verfassungsgesetzgebung vom einfachen Gesetzgebungsverfahren abweichen, um die Höherrangigkeit der Verfassung zu begründen. Die Abweichung muß eine Erschwerung enthalten, da nur dann eine Bindung des einfachen Gesetzgebers an die Verfassung besteht, die ihrer logischen Vorrangigkeit entspricht. Eine Selbstinthronisation des Gesetzes oder des gesetzgebenden Organs ist nicht möglich, da jede Rechtsnorm der Einsetzung durch eine höherrangige Norm bedarf.

Für den Fall, daß in einem Staat keine formelle Verfassung besteht, können nach Ansicht Kelsens[391] auch die Normen, die den Charakter der materiellen Verfassung im Sinne der reinen Rechtslehre haben, durch einfache Gesetze aufgehoben oder abgeändert werden. Ein einfaches Gesetz soll also über die „Organe, die zur Erzeugung ... der Gesetze ... ermächtigt sind", entscheiden können. Diese Stellungnahme

---

[390] S. 203 ff.
[391] RR S. 230; ebenso Kratzmann S. 28.

läßt sich nicht mit Kelsens eigener Lehre in Einklang bringen, nach der „die Bestimmung des Organs ... das Minimum dessen" ist, „was in dem Verhältnis zwischen der höheren und der niederen Norm bestimmt werden muß"[392]. Wenn das englische Parlament, um das Beispiel Burckhardts[393] zu wählen, die Mitwirkungsrechte des Oberhauses bei der Gesetzgebung einschränkt, besteht dafür keine Kompetenzzuweisung.

Die Normen, die das Gesetzgebungsverfahren zum Gegenstand haben, müssen in die formelle Verfassung aufgenommen werden. Wenn keine formelle Verfassung besteht, ist im Wege der Gesetzgebung keine Änderung der Normen möglich, die die gesetzgebende Gewalt zum Gegenstand haben. Dies schließt Änderungen anderer Art, etwa durch Gewohnheitsrecht, nicht aus.

4. Abweichungen des materiellen Verfassungsrechts vom Inhalt der Verfassungsurkunde

Das in einem Staate geltende materielle Verfassungsrecht kann vom Inhalt der Verfassungsurkunde abweichen. Zur Klarstellung sei darauf hingewiesen, daß hier mit dem materiellen Verfassungsrecht nicht die sogenannte Verfassungswirklichkeit gemeint ist. Unter „Verfassungswirklichkeit" sind die politischen Verhältnisse zu verstehen, die zur Verfassungsurkunde in Beziehung gesetzt werden. Wenn die politische Wirklichkeit zu der Verfassung in Widerspruch steht, liegt ein Rechtsbruch vor. Die „Verfassungswirklichkeit" darf nicht der Verfassung gegenübergestellt und der Wirklichkeit auf Kosten der Verfassung normierende Kraft zugeschrieben werden[394].

a) Obsoletwerden der formellen Verfassung

Bei einer dauernden Divergenz von politischer Wirklichkeit und geschriebener Verfassung fehlt es der Verfassung an Wirksamkeit. Da Wirksamkeit eine Bedingung der Geltung ist[395], kann eine nicht wirksame Verfassung nicht als geltend angesehen werden. Sobald sich in einem Staate eine bestimmte Machtlage verfestigt hat, muß diese dauernde Ordnung als rechtliche Ordnung anerkannt werden.

Die geschriebene Verfassung kann durch lange, entgegengesetzte Übung, nicht schon durch einzelne Verstöße[396], obsolet werden. Eine Verfassung kann jedoch auch in kurzer Zeit durch einen revolutionären

---

[392] RR S. 241.
[393] S. 207.
[394] Burdeau, Der Staat S. 391 ff.; Hesse, Grundzüge S. 20; von Mangoldt / Klein, Überschrift III 2; Maunz, StR S. 59.
[395] s. o. C. V. 6.).
[396] s. o. C. V. 6. zur Abgrenzung.

Rechtsbruch ihre Geltung verlieren, ohne formell außer Kraft gesetzt zu werden. Dieses Schicksal hat die Weimarer Verfassung erlitten[397].

b) Allmähliche Verwirklichung der formellen Verfassung

Besonders in den Entwicklungsländern gibt es Verfassungsurkunden, die von vornherein nicht mit der Absicht geschaffen wurden, sie sofort im politischen Leben in Wirksamkeit zu setzen. Sie folgen zum Teil dem westlichen Vorbild der parlamentarischen Demokratie, ohne daß die erforderlichen Voraussetzungen, wie vor allem der nötige Bildungsstand der Bevölkerung, hergestellt werden konnten. Die Verfassung, die vorläufig nur auf dem Papier steht, kann darauf angelegt sein, nach und nach anwendbar gemacht und verwirklicht zu werden. In diesen Staaten ist das Wirksamwerden und damit das Ingeltungtreten der Verfassungsurkunde ein langdauernder Prozeß, an dem eine Vielzahl politischer Machtfaktoren beteiligt sein kann. Oft ist eine Militärdiktatur die Kraft, die sich um die Voraussetzungen bemüht, die zur Verwirklichung der in der Verfassungsurkunde niedergelegten Staatsform noch fehlen[398].

c) Beabsichtigte Abweichungen

Aus politischen Gründen kann es als unzweckmäßig erscheinen, das Wesentliche in die Verfassungsurkunde aufzunehmen. Das Kernstück der materiellen DDR-Verfassung, das Bekenntnis zum Sozialismus und die Führungsrolle der SED, kam in der DDR-Verfassung von 1949 nicht zum Ausdruck. Die geltende materielle Verfassung war weit vom Verfassungstext entfernt, bis mit der neuen Verfassung von 1968 eine Anpassung des Verfassungstextes an die staatsrechtlichen Grundlagen erfolgte.

5. Ergebnis: Das maßgebliche Verfassungsrecht

Auf das Ideal der Übereinstimmung des geltenden materiellen Verfassungsrechts mit der Verfassungsurkunde ist nicht immer Verlaß. Das Völkerrecht sieht die geschriebene Verfassung nur so lange als maßgeblich an, als es sich um eine regelmäßig wirksame Rechtsordnung handelt[399]. Nur die Ordnung, die sich tatsächlich durchsetzt, ist z. B. für die Frage entscheidend, welches Organ zum Abschluß völkerrechtlicher Verträge befugt ist.

---

[397] Siehe die Gegenüberstellung ns. Gesetze mit der Weimarer Verfassung bei Herrfahrdt, Verfassungsgesetze; BVerfGE 6, 309 ff., 330 ff.
[398] Herrfahrdt, Staatsgestaltungsfragen S. 13.
[399] Verdross, VR S. 159 f.

VIII. Das Verhältnis des materiellen Verfassungsrechts

Die Verfassungsurkunde kann nur im Regelfall Auskunft über das maßgebliche Verfassungsrecht geben[400]. Die materielle Verfassung ist die rechtliche Grundordnung des Staates. Ihr Urheber ist die verfassunggebende Gewalt.

---

[400] Abweichend sieht Steiner S. 22 ohne diese Differenzierung den Akt der Verfassunggebung in der Schaffung der Verfassungsurkunde.

D. Die Freiheit der verfassunggebenden Gewalt

I. Die inhaltliche Gestaltungsfreiheit

1. Keine Bindung durch die innerstaatliche Rechtsordnung

Typischerweise erfolgt eine Verfassunggebung in ein verfassungsrechtliches Vakuum hinein, sei es, daß nie eine Verfassung bestanden hat, oder sei es, daß die alte Verfassung beseitigt wurde[1]. Eine verfassungsrechtliche Norm, die die verfassunggebende Gewalt binden könnte, gibt es nicht. Wenn vor der Verfassunggebung eine alte Verfassung bestanden hat, kann die neue Verfassung nicht an dieser gemessen werden, denn die alte Verfassung hat zuvor ihre Geltung verloren[2]. Da die Verfassung die höchste Norm im Staate ist, ist keine staatsrechtliche Norm denkbar, die der verfassunggebenden Gewalt Bindungen auferlegen könnte[3].

2. Keine Bindung durch das Völkerrecht

Ein Staat kann durch seine verfassunggebende Gewalt, deren Akte ihm zugerechnet werden, Normen des Völkerrechts verletzen. Normadressaten des Völkerrechts sind aber die Staaten, nicht die Staatsorgane. Diese sind nur mittelbar an das Völkerrecht gebunden, wenn eine dem innerstaatlichen Recht angehörende Transformationsklausel dies vorsieht[4]. Diese unterliegt aber der Disposition des Verfassunggebers. Der Staat, der mit seiner Verfassung das Völkerrecht verletzt, setzt sich den völkerrechtlichen Sanktionen der Staatengemeinschaft aus, ohne daß die völkerrechtswidrigen Normsetzungsakte nichtig oder vernichtbar wären.

Diese These läßt sich bei einer monistischen Theorie aufrechterhalten, die Staats- und Völkerrecht als einheitliche Rechtsordnung ansieht. Das Völkerrecht sieht nämlich kein Verfahren vor, in dem innerstaatliche Rechtssetzungsakte aufgehoben werden können[5]. Für eine

---

[1] s. o. B.
[2] BVerfGE 6, 331.
[3] BVerfGE 1, 61; Burdeau III S. 174, 245; Carré de Malberg II S. 491; Dupraz S. 361 a; Elgeti S. 5 f.; Giese, SpFS S. 64; Gutmann S. 58; Hauriou S. 11, 291; Heller, StL S. 278; Hoffmann, Wiedervereinigung S. 123; Meyer-Goßner S. 63; Maschke S. 49 f.; Maunz, DÖV 53, 646; C. Schmitt, VerfL S. 88; Vezanis S. 145.
[4] Hoffmann, Verantwortung S. 14 ff.; grundlegend Triepel, VRuLR.
[5] Kelsen, RR S. 331, 342.

I. Die inhaltliche Gestaltungsfreiheit

dualistische Theorie ist diese Folgerung zwingend. Da die Völkerrechtsordnung gegenüber der innerstaatlichen Rechtsordnung eine fremde ist, kann im Völkerrecht keine Derogationsnorm für innerstaatliches Recht enthalten sein. Jede Rechtsordnung kann selbst über das Schicksal der ihr angehörenden Normen entscheiden[6]. Auf den Unterschied der beiden Konstruktionen kommt es nicht an. Die Normsetzungsakte der verfassunggebenden Gewalt, die das Völkerrecht verletzen, sind gültig[7].

3. Keine rechtliche Bindung an Wertvorstellungen

Wie sich bei der Erörterung naturrechtlicher Auffassungen ergeben hat, stellen Menschenrechte und Wertvorstellungen keine rechtliche Schranke der verfassunggebenden Gewalt dar[8]. Eine verfassunggebende Gewalt, die Rechtsnormen setzt, die den vorherrschenden Wertvorstellungen widersprechen, wird jedoch auf Widerstand stoßen. Dieser kann größer sein als die dem Verfassunggeber zu Gebote stehenden Machtmittel. Sobald sich herausgestellt hat, daß die Normen des Verfassunggebers nicht durchgesetzt werden können und es ihnen dauernd an Wirksamkeit fehlen wird, ist die Verfassunggebung gescheitert.

4. Keine rechtliche Bindung an Vorgegebenheiten

Die verfassunggebende Gewalt ist zwar insofern frei, als es keine Norm gibt, die gegenüber ihren Normen derogierende Kraft hat. Sie muß sich aber an bestimmten Vorgegebenheiten ausrichten[9], wenn ihre Normen Aussicht auf Durchsetzbarkeit haben sollen. Dazu gehören die soeben erwähnten Gerechtigkeits- und Wertvorstellungen. Hinzu kommen die verfassungsrechtliche Tradition, der Bildungsstand der Bevölkerung, die Infrastruktur, kurz das, was Schindler[10] mit der ambiance bezeichnet, die zu jeder Rechtsnorm gehört. Rousseau tritt für eine vollkommene Freiheit des Gesetzgebers ein[11], doch auch er mahnt eindringlich, außerrechtliche Faktoren zu berücksichtigen[12]. Die Gesetze sollen die natürlichen Verhältnisse gleichsam nur bestätigen, begleiten und berichtigen. Wenn sich der Gesetzgeber über seinen Gegenstand täusche, verlören die Gesetze allmählich ihre Wirksamkeit und die Verfassung entarte.

---

[6] Hoffmann, Verantwortung S. 10 ff., DöV 67, 436.
[7] W. Jellinek, Grenzen S. 5 f.; a. A. wohl Kägi, Partialrevision S. 817 a, Maunz, StR S. 47.
[8] s. o. C. III.
[9] Burdeau III 14; Der Staat S. 396; Haug S. 237 ff.; Heller, StL S. 251; Kratzmann S. 177.
[10] S. 92 ff.
[11] CS II, 12.
[12] CS II, 11 a. E.

Die Verfassunggeber von 1918 konnten an das Vorhandensein einer Volksvertretung anknüpfen[13]. Dem Grundgesetz war ebenso wie der Weimarer Verfassung eine Behördenorganisation und eine ausgebildete Beamtenschaft vorgegeben[14], die in die neue Staatsordnung übernommen werden konnte. Bei der föderativen Gliederung der Bundesrepublik war das Bestehen der Länder vor 1949 für die Schöpfer des Grundgesetzes ein Faktum, dem sie Rechnung tragen mußten. Es war möglich, eine parlamentarische Demokratie zu schaffen, weil auf die nötige Reife des Volkes vertraut werden konnte[15].

Der Verfassunggeber kann bei der Verfassunggebung weitgehend den vorgefundenen Verhältnissen entsprechen, kann aber auch einen grundlegenden Umsturz herbeiführen. Dies bleibt seiner politischen Zielsetzung und seinem Blick für das Richtige, Mögliche und Durchsetzbare überlassen. Eine rechtliche Bindung an Vorgegebenheiten besteht nicht.

Der Verfassunggeber kann Rechtsnormen beliebigen Inhalts setzen.

II. Die Freiheit von Form- und Verfahrensvorschriften

Aus denselben Gründen, aus denen sich die inhaltliche Gestaltungsfreiheit des Verfassunggebers ergeben hat, kann auf die Freiheit von Form- und Verfahrensvorschriften geschlossen werden. In der Geschichte der französischen Revolution haben naturrechtliche Begründungen dieser Freiheit eine bedeutende Rolle gespielt[16]. Maßgeblich ist jedoch das Fehlen einer Norm, die dem Verfassunggeber irgendwelche Bindungen auferlegen könnte.

---

[13] Arnold S. 11.
[14] Giese, VerfDR S. 5; Herrfahrdt, Revolution S. 53.
[15] Zum Menschenbild der Demokratie Bäumlin, EvStL Sp. 280 f.; Dürig, VVDStRL H. 29, S. 126 f.
[16] Fazy, zit. nach Batelli S. 25; Frochot, zit. nach Burdeau III S. 207; Rousseau, C. S. I 7, G. P. ch. VII; Sieyès S. 129 ff.; w. N. bei Zweig, S. 296 f., 326.

E. Die Unbestimmtheit des zur Verfassunggebung berufenen Organs

Über der Verfassung besteht keine staatliche Rechtsnorm. Demzufolge fehlt es nicht nur an Vorschriften, die dem Verfassunggeber Beschränkungen auferlegen, sondern auch an einer Norm, die ein bestimmtes Organ zur Verfassunggebung einsetzt[17]. Häufig wird das souveräne Volk a priori als Verfassunggeber angesehen. Auch ist in bestimmten Fällen eine Einsetzung des Verfassunggebers durch das Völkerrecht denkbar. Zu diesen Auffassungen ist Stellung zu nehmen.

I. Das souveräne Volk als Verfassunggeber kraft Naturrechts

1. Literatur

Zahlreiche Autoren, die keine vor und über der verfassunggebenden Gewalt existierende, gesetzte Rechtsnorm anerkenne, gehen vom Naturrecht aus und sehen im souveränen Volk den Träger der verfassunggebenden Gewalt. Auch wird in neueren Stellungnahmen die Frage, durch welche Rechtsnorm das Volk zur Verfassunggebung berufen ist, gar nicht aufgeworfen[18].

C. Schmitt lehrt, die verfassunggebende Gewalt des Volkes sei permanent vorhanden[19]. Sie sei immer im Naturzustande, könne sich also niemals verfassungsgesetzlich konstituieren[20]. Da nach Schmitts Auffassung keine Rechtsnorm darüber Aufschluß geben kann, wer Träger der verfassunggebenden Gewalt ist, bleibt unklar, woran er die Trägerschaft des Volkes erkennt, zumal er einen Wechsel des verfassunggebenden Subjektes für möglich hält[21]. Für souverän hält er denjenigen, der über den Ausnahmezustand entscheidet[22]. Das Volk wird im Aus-

---

[17] Neuere Stellungnahmen mit abweichenden Begründungen: Arnold S. 19/20; Bachof, Verfassungsnormen S. 35; Hauriou S. 10; Henke S. 25; Maunz DöV 53, 646; C. Schmitt, VerfL S. 79, 82.

[18] Arnold S. 12; Bachof, Verfassungsnormen S. 36; Dupraz S. 358 a, 362 a; Gutmann S. 58; Hauriou S. 288; Herzog, AllgStL S. 312; Maunz, DöV 53, 645, StR S. 45; Schefold S. 193 f; C. Schmitt, VerfL S. 82 ff.; Steiner S. 18 — Eine ausdrückliche Kompetenzzuweisung verlangen Affolter S. 56 f.; Burckhardt S. 213; Heller, StL S. 278; Maschke S. 19 f., 40; Vezanis S. 145.

[19] VerfL S. 91.

[20] S. 79; zustimmend Maunz, DöV 53, 647.

[21] S. 92; ebenso Klein, SJZ 49, 743; Hauriou S. 277.

[22] PolTh S. 11.

nahmezustand aber gerade nicht in der Lage sein zu entscheiden[23]. Vor allem ist das Volk ohne eine Rechtsnorm, die es konstituiert, als handlungsfähige Einheit überhaupt nicht vorstellbar[24]. Schmitts Lehre führt zu Widersprüchen.

Den Autoren, die das souveräne Volk a priori als Verfassunggeber ansehen, ist beizupflichten, wenn sie das Volk nicht als Organ des Staates ansehen[25], es sei denn, daß eine Rechtsnorm das Volk als Staatsorgan konstituiert[26]. Jedenfalls muß es als inkonsequent angesehen werden, wenn es einmal heißt, das verfassunggebende Volk könne keine zuständige Stelle werden[27], dann wieder, die verfassunggebende Gewalt sei eine permanente „Befugnis" des Volkes[28].

2. Proklamationen

Richtig ist jedenfalls die Beobachtung, daß sich die siegreiche Macht auf den Willen des Volkes beruft, wenn abweichend von der bestehenden Verfassung eine neue Verfassungsordnung begründet wird[29]. Jedes Regime ist heute um seines internationalen Ansehens willen darauf angewiesen, sich als demokratisch auszugeben[30]. In zahlreichen Entwicklungsländern beansprucht das Militär, gegen die zerstrittenen Parteien die Nation schlechthin zu verkörpern[31]. In anderen Ländern treten die Parteien mit dem Anspruch auf, den Willen des Volkes zum Ausdruck zu bringen. Kein Diktator ist gehindert, sich zum Repräsentanten des Volkes auszurufen[32]. Besonders die Behauptung, „wahre" Demokratie verwirklichen zu wollen, ist ein kaum trügliches Zeichen für modernen Totalitarismus[33]. In jedem Staat können Mächte auftreten, die sich auf den Willen des Volkes berufen, ohne daß das Volk sich gegen sie wehren kann. Es ist wirklichkeitsfremd, mit der bloßen Berufung auf den Willen des Volkes durch die Machthaber die Souveränität des Volkes begründen zu wollen[34].

---

[23] Kägi, RStuDem S. 111.
[24] Heller, StL S. 278.
[25] Arnold S. 12; C. Schmitt, VerfL S. 79; Maunz DöV 53, 647.
[26] Affolter S. 59; Anschütz, Enzyclopädie S. 5; Bäumlin, Diss. S. 11; Leisner Diss. S. 434.
[27] Maunz, DöV 53, 645.
[28] Maunz, DöV 53, 647.
[29] Burdeau III S. 218 f.
[30] Loewenstein, VerfL S. 148; Vezanis S. 145 f.
[31] Herrfahrdt, Staatsgestaltungsfragen S. 11, 14.
[32] Kelsen, RR S. 303.
[33] Jesch, S. 29.
[34] So aber Hauriou S. 219: Souverän sei derjenige, in dessen Namen regiert werde.

3. Die Berufung des Grundgesetzes auf das Volk als Verfassunggeber

Die Berufung auf den Willen oder das Handeln des souveränen Volkes in der Präambel einer Verfassung oder in einzelnen zentralen Artikeln kann nur als Proklamation einer Ideologie angesehen werden. Proklamationen in diesem Sinne enthalten die Art. 20 II und Art. 146 und besonders die Präambel des Grundgesetzes, soweit sie sich zur Geltung des Grundgesetzes auf die verfassunggebende Gewalt des Volkes beruft[35]. Daneben enthält die Präambel eine Aussage über einen historischen Vorgang, die mit dem wirklichen Geschehen gegenübergestellt werden kann.

Der Parlamentarische Rat, der den Text des Grundgesetzes ausgearbeitet hat, ist nicht vom deutschen Volke gewählt worden. Er ging aus den bestehenden Ländervertretungen hervor. Bei den vorhergehenden Landtagswahlen wußten die Wähler nicht, daß aus den einzelnen Landtagen der Parlamentarische Rat bestellt werden würde. Das ausgearbeitete Grundgesetz wurde dem deutschen Volke nicht zur Abstimmung unterbreitet, sondern sollte nach Art. 144 I durch zwei Drittel der Volksvertretungen der Länder angenommen werden. Das deutsche Volk hat bei der Entstehung des Grundgesetzes nicht mitgewirkt. Die Präambel des Grundgesetzes enthält eine Fiktion[36].

Der Parlamentarische Rat hat sich als Vertreter des deutschen Volkes gefühlt und sich von seinen Interessen leiten lassen[37], er hat jedenfalls nicht aus eigener Machtvollkommenheit das GG schaffen wollen. Sein Wille, als Repräsentant des Volkes gehandelt zu haben, verleiht ihm diese Eigenschaft nicht. Hält man mit den klassischen Lehren den Willen des Volkes für repräsentierbar, so fehlt es doch an der Mindestvoraussetzung, der unmittelbaren Wahl der Repräsentanten zum Zwecke der Verfassunggebung[38].

4. Zustimmung des Volkes zur Verfassung

Nach der Ansicht einiger Autoren soll sich die Souveränität des Volkes darin äußern, daß jede Verfassung der Zustimmung des Volkes bedürfe. Konsequenter Ausdruck dieses angeblichen Rechtssatzes ist das obligatorische Referendum sowohl bei der ursprünglichen Verfassung-

---

[35] Apelt, NJW 49, 481; Vezanis S. 145; nicht auf das GG bezogen Burdeau III 46 f.
[36] Apelt, NJW 49, 481; Henke S. 134 f.; von Mangoldt / Klein, Präambel Anm. VI 1; Nawiasky, Grundfragen S. 12, 79; Schneider, NJW 54, 937; Steiner S. 170 ff.
[37] Vgl. Carlo Schmid, zit. bei von Mangoldt / Klein, Präambel Anm. VI 1.
[38] Affolter S. 62; Schneider, NJW 54, 937; Steiner S. 147, 170 ff.

gebung wie auch bei der Verfassungsänderung[39]. Da aber zahlreiche Verfassungen ebensowenig wie das Grundgesetz einer Volksabstimmung unterworfen wurden, soll auch eine stillschweigende Zustimmung zur Verfassung genügen, um ihre Verbindlichkeit zu begründen[40].

Die Zustimmung des deutschen Volkes zum Grundgesetz läßt sich überzeugend mit seiner Beteiligung an den Wahlen begründen. Die überwiegende Mehrheit gab ihre Stimme politischen Parteien, die das Grundgesetz billigten[41].

Ohne genaue Anhaltspunkte geht es nicht an, leichthin die stillschweigende Zustimmung des Volkes zu behaupten[42] oder diese gar aus dem Erfolg einer revolutionären Gruppe zu schließen[43]. Oft hat das Volk keine Möglichkeit, seinen gegenteiligen Willen zu äußern. Mit dieser Theorie wird es Diktaturen leicht gemacht, ihre demokratische Grundlage zu beweisen[44]. Die freie Zustimmung zur Verfassung entspricht einem politischen Ideal, dem nicht alle Verfassungen genügen. Manche bauen auf Gewalt und nicht auf Zustimmung auf. Um ihre unbestreitbare Geltung zu begründen, geht es nicht an, die Zustimmung des Volkes zu fingieren[45].

Doch selbst wenn die Zustimmung des Volkes zur geltenden Verfassungsordnung immer nachweisbar wäre, so ist es doch nicht richtig, sie als Argument für die Volkssouveräniät heranzuziehen. Auch eine monarchische Verfassung kann die Zustimmung des Volkes finden. Schließlich kommt es bei der Volkssouveränität nicht auf die Zustimmung zu der bereits gesetzten, geltenden Verfassung an, sondern auf die Setzung der Verfassung selbst[46].

5. Volkssouveränität politisches Postulat

Es gibt Verfassungen, unter ihnen das Grundgesetz, die als geltend vorausgesetzt werden müssen, obwohl sie nicht auf einer Willensäußerung des Volkes beruhen. Die Volkssouveränität ist ein politisches Postulat, aus dem sich keine rechtliche Befugnis zur Verfassunggebung ergibt. Einen vor- oder überstaatlichen Rechtssatz dieses Inhalts gibt es

---

[39] Burdeau III S. 212; Hauriou S. 223 f.; Kägi, Volksinitiative S. 753 a; Nachweise für Verfassungen, die dieser Forderung Rechnung tragen, bei Menzel, VÄ S. 174.
[40] Burdeau III S. 216 f.; Hauriou S. 11.
[41] Schneider NJW 54, 937; zustimmend Hamann / Lenz Einführung B 2; von Mangoldt / Klein, Präambel Anm. VI 1.
[42] Bedenklich C. Schmitt, VerfL S. 91.
[43] So aber Arnold S. 13; Burdeau III S. 216.
[44] Vezanis S. 150 f.
[45] Kelsen, RR S. 225 Fn.
[46] Steiner S. 58.

nicht[47]. Die Geltung einer Verfassung kann nicht damit begründet werden, sie sei vom Volke oder seinen Repräsentanten geschaffen worden oder das Volk habe ihm zugestimmt. Die Paulskirchenverfassung, das Werk einer verfassunggebenden Nationalversammlung im klassischen Sinne, ist nie in Kraft getreten.

II. Das Völkerrecht als Einsetzungsnorm für die verfassunggebende Gewalt

Das Völkerrecht setzt kein bestimmtes Organ zur Verfassunggebung ein[48]. Die eine denkbare Ausnahme von diesem Grundsatz bildet das Besatzungsrecht, die andere der Gründungsvertrag eines Bundesstaates.

1. Besatzungsrecht

Nawiasky[49] hält das Grundgesetz für gültig, weil es nach den von den Besatzungsmächten zuständigerweise aufgestellten Bedingungen zustande gekommen sei. Die Geltung des Grundgesetzes in einem Land, das ihm nicht nach Art. 144 I GG zugestimmt hätte, könnte nach Ansicht Herzogs[50] mit der Suprematie der Besatzungsmächte begründet werden. Schneider[51] weist auf alliierte Interventionen hin und sieht die Grundentscheidungen für Demokratie und Föderalismus als vorweggenommen an. Nach der Niederlage soll die deutsche Staatsgewalt nach Ansicht Grewes[52] und Kleins[53] von den Besatzungsmächten übernommen worden sein. Es wäre ihnen also möglich gewesen, eine deutsche Verfassung zu setzen. Grewe und Klein stimmen darin überein, daß die Besatzungsmächte den deutschen verfassunggebenden Organen keine Besatzungsgewalt delegiert hätten. Es liege ein Verzicht der Alliierten auf ihre Hoheitsrechte vor. In dem frei gewordenen Bereich seien dann deutsche Organe eigenständig tätig geworden[54].

Wie bereits entwickelt wurde, erlangt der Normsetzungsakt eines Organs Verbindlichkeit durch eine höherrangige Einsetzungsnorm. Demnach gehört die erzeugte Norm demselben Normensystem an wie die Einsetzungsnorm. Wenn die Rechtsgültigkeit des Grundgesetzes, wie Nawiasky meint, an den Befehlen der Alliierten zu messen wäre, ge-

---

[47] Burckhardt S. 213 f.
[48] Vgl. dazu o. D. I. 2.
[49] Grundgedanken S. 12.
[50] AllgStL S. 315.
[51] NJW 54, 937.
[52] DRZ 49, 266 f.
[53] SJZ 49, 743 f.; ebenso von Mangoldt / Klein, Präambel Anm. VIII 1.
[54] Ebenso Hamm S. 37 f. Mißverständliches Zitat bei Hamann / Lenz, Einführung B 2: „Übertragung...".

hörte das Grundgesetz zum Besatzungsrecht. Nach der Konzeption Schneiders müßten die Grundentscheidungen für eine freiheitliche Demokratie und eine föderative Ordnung als Recht der Alliierten aufzufassen sein. Doch ist weder im Besatzungsrecht noch im innerstaatlichen Recht der Besatzungsmächte eine Norm nachweisbar, die den Anspruch erhebt, Geltungsgrund für das deutsche Grundgesetz oder einzelne seiner Bestimmungen zu sein[55].

Das Grundgesetz ist als deutsches Recht anzusehen. Seine Rechtsqualität hängt nicht von fremdem Recht ab. Aus Besatzungsrecht kann nur Besatzungsrecht hervorgehen. Die Besatzungsmächte konnten deutsche Staatsgewalt weder innehaben noch stellvertretend ausüben[56]. Es fehlt an einer deutschen Rechtsnorm, die ihre Rechtssetzungsakte dem deutschen Recht zurechnet. Eine unmittelbare Einwirkung des Besatzungsrechts auf das deutsche Recht ist aus normlogischen Gründen nicht möglich.

Ein Verzicht der Besatzungsmächte auf ihre Hoheitsrechte über Deutschland war erforderlich, um dem Grundgesetz Wirksamkeit zu ermöglichen[57]. Gegen die Empfehlungen der Alliierten, ohne ihre Genehmigung und gegen ihre Vorbehalte konnte das Grundgesetz keine Wirksamkeit erlangen und damit nicht in Geltung erwachsen. Das Besatzungsrecht ist als fremde Rechtsordnung den schon behandelten Vorgegebenheiten[58] gleichzusetzen, denen sich die verfassunggebende Gewalt gegenüber sieht. Nur waren die Beschränkungen der Durchsetzbarkeit, die sich der Parlamentarische Rat vor Augen halten mußte, besonders eng.

Das Grundgesetz ist durch einen originären Rechtssetzungsakt entstanden.

2. Vertragliche Gründung eines Bundesstaates

Ein Bundesstaat kann wie die Bundesrepublik durch die Aufgliederung eines Einheitsstaates entstehen[59]. Nur wenn mehrere selbständige Staaten sich zu einem neuen Staate zusammenschließen, kommt ein völkerrechtlicher Vertrag zwischen den künftigen Gliedstaaten als Verfassung des entstehenden Bundes in Betracht.

---

[55] Entsprechend Hoffmann, Teilung S. 26 zum Verhältnis des Rechts der DDR zur Sowjetunion.

[56] Anders Giese, SpFS S. 65, der grundsätzlich mit der hier vertretenen Ansicht übereinstimmt: „Ein Staat kann nur nach eigenem, nicht nach fremdem Recht leben."

[57] Ähnlich Henke S. 136.

[58] s. o. D. II. Ehmke DöV 54, 654: „... bloß tatsächlich hinzunehmender Zustand."

[59] Apelt, Kaufmann FS S. 13.

II. Das Völkerrecht als Einsetzungsnorm f. d. verfassunggebende Gewalt 89

Der Vertrag, in dem sich mehrere Staaten verpflichten, sich zu einem Bund mit einer bestimmten Verfassung zusammenzuschließen, gehört dem Völkerrecht an[60]. Völkerrechtliche Verträge in diesem Sinne waren die Vereinbarungen der norddeutschen Staaten zur Gründung des Norddeutschen Bundes. Ihnen folgten die Verträge des Norddeutschen Bundes mit den Südstaaten, aus denen das Reich hervorging[61]. Im Norddeutschen Bund wurden die Verfassungsentwürfe in den Einzelstaaten publiziert. Die Reichsverfassung wurde als einheitliche Urkunde im Reichsgesetzblatt verkündet[62]. Damit waren die Verpflichtungen aus den völkerrechtlichen Verträgen durch Erfüllung erloschen[63].

Der neu geschaffene Verband bedarf eigener Organe mit eigener Rechtssetzungsbefugnis[64]. Der Verfassungsvertrag muß durch einen Normsetzungsakt eines Bundesorgans als Rechtsnorm des Bundes gesetzt werden. Die Gründungsverträge sind gegenüber dem Recht des Bundes fremdes Recht. Dieses wird im Wege der Rezeption zum innerstaatlichen Verfassungsrecht. Fortan ist dieses durch Gesetz, nicht durch Vertrag zu ändern[65].

Da das Bundesrecht nur von einem Organ des Bundes gesetzt werden kann, ist keine Norm des vorbereitenden völkerrechtlichen Vertrages geeignet, ein Organ mit der Befugnis zu dem geschilderten Rezeptionsakt auszustatten. Ebensowenig kann das Recht der Gliedstaaten eine Kompetenzzuweisung für Normsetzungsakte des Bundes enthalten. Die Verfassunggebung im neu entstandenen Bundesstaat ist ein originärer Rechtssetzungsakt[66].

3. Ergebnis: Keine positivrechtliche Bestimmung des verfassunggebenden Organs

Es gibt keine positivrechtliche Norm, die das Volk, einen Menschen oder eine Menschengruppe zu dem Organ bestellt, das zur Verfassunggebung berufen ist. Eine allgemeine Aussage auf Grund eines Rechtssatzes, wer Träger der verfassunggebenden Gewalt ist, ist damit ausgeschlossen[67].

---

[60] Giese, SpFS S. 66; Hoffmann, DöV 67, 434; Meyer / Anschütz S. 195.
[61] Giese, SpFS S. 66.
[62] Zur Geschichte Meyer / Anschütz S. 190 ff.
[63] Carré de Malberg I S. 134; Meyer / Anschütz S. 195.
[64] Carré de Malberg I S. 133; Meyer / Anschütz S. 195.
[65] Jeselsohn S. 60. Die Reservatrechte nach Art. 78 II alte Reichsverfassung enthielten Reste vertragsmäßiger Elemente.
[66] Carré de Malberg I S. 134 ff.; Giese, SpFS S. 64; Haenel S. 32 f.; Herzog, DöV 62, 85 f.; Hoffmann, DöV 67, 437; G. Jellinek, AllgStL S. 774 f.; Staatenverbindungen S. 256; Meyer / Anschütz S. 193, 195.
[67] Götz, NJW 58, 1021.

F. Die Ausstattung der Verfassung mit Rechtsqualität

Über der Verfassung besteht keine positive Rechtsnorm. Demzufolge fehlt es an einer Norm, die ein bestimmtes Organ zur Verfassunggebung einsetzt. Die Bestimmung des rechtssetzenden Organs in der höherrangigen Norm ist unerläßlich, um das Recht als durchgängiges System von Rechtssetzung und Rechtsanwendung zu begreifen. Weil es an einer positivrechtlichen Einsetzungsnorm für die verfassunggebende Gewalt fehlt, stellt die Verfassunggebung keine Rechtsanwendung, sondern eine originäre Rechtssetzung dar[1]. Damit ist die Aufgabe gestellt nachzuweisen, woher die Verfassung Rechtsqualität erlangt.

I. Kein Ersatz der Einsetzungsnorm durch eine Rechtsidee

Wegen des Fehlens einer Einsetzungsnorm für den auf Normsetzung gerichteten Akt der verfassunggebenden Gewalt kann dieser nicht von vornherein als Rechtsakt angesehen werden. Möglicherweise gleicht die Bindung der verfassunggebenden Gewalt an eine Rechtsidee diesen Mangel aus.

Burdeau erkennt den originären Charakter revolutionär entstandener Verfassungen an. Er wendet sich jedoch gegen die Folgerung, den Akt der Verfassunggebung als rein historisches Geschehen einzustufen[2]. Es sei paradox, der verfassunggebenden Gewalt, die über die gültige Rechtsidee zu bestimmen habe, die juristische Anerkennung zu verweigern. Bei ihrer Aufgabe unterwerfe sich die verfassunggebende Gewalt der Rechtsidee, die sie repräsentiere. Die nunmehr siegreiche Rechtsidee löse die bisherige ab[3].

Eine Rechtsüberzeugung, die in der neuen, revolutionären Verfassung als staatliches Recht erst positiviert wird, ist kein geltendes Recht. Ebensowenig ist ein Gesetzentwurf ein Gesetz. Auch die Unterwerfung einer Personengruppe, die die verfassunggebende Gewalt ausübt, unter ihre eigene Rechtsidee[4] erhebt diese nicht zum Recht. Das Verhalten dieser Gruppe kann auch von sittlichen und politischen Überzeugungen motiviert werden, die erst durch einen Positivierungsakt Rechtsquali-

---

[1] Burckhardt S. 207.
[2] III S. 175, 213 f.
[3] III S. 46, 175, 216 f.
[4] Burdeau III S. 116.

tät erhalten. Jeder Normsetzung gehen rechtspolitische Bestrebungen voraus, die nicht alle zum Erfolg führen.

Ein entsprechendes Problem tritt bei der Entstehung von Völkergewohnheitsrecht auf. Nach der Rechtsprechung und der überwiegenden Meinung in der Literatur soll Völkergewohnheitsrecht entstehen, wenn eine dauernde Übung der Staaten vorliegt, die von einer Rechtsüberzeugung getragen ist. Die Staaten richten sich in ihrem Handeln jedoch auch nach nichtjuristischen Maßstäben, etwa humanitären Erwägungen. Die Staatenpraxis kann dabei erst in einem späteren Stadium als Befolgung gewohnheitsrechtlicher Normen angesehen werden[5]. Solange eine Norm des Völkergewohnheitsrechtes noch nicht besteht, kann keine oder nur eine irrige Überzeugung vorliegen, eine Rechtsnorm zu befolgen[6]. Die Staaten, deren Verhalten moralischen oder anderen Normen entspricht, können die Absicht verfolgen, durch ihre Praxis Völkergewohnheitsrecht zu setzen[7]. Doch auch im Völkerrecht macht eine Rechtsüberzeugung bei der Rechtssetzung einen historischen Vorgang nicht zur Rechtsbefolgung.

Nur im Falle der Rechtsanwendung, die eine Rechtsbefolgung voraussetzt, kann ein subjektiv auf Normsetzung gerichteter Akt objektiv als Rechtssetzungsakt angesehen werden. Bei der Verfassunggebung bedeutet das Befolgen einer Rechtsidee keine Rechtsanwendung. Die Rechtsüberzeugung der revolutionären Macht ist nicht geeignet, den auf Verfassunggebung gerichteten Akt zum Rechtsakt zu erheben.

II. Verfassunggebung kein nur tatsächlicher Vorgang

Im Gegensatz zu der soeben behandelten Lehre steht die Meinung, die Verfassunggebung gehöre in den Bereich der Tatsachen. Außer Betracht bleiben hier die Meinungen, die in der Verfassung selbst zur Seinswirklichkeit gehörende Entscheidungen, Machtverhältnisse, Integrationsvorgänge oder ähnliches sehen. Hier geht es um die Lehre, die zwar die Verfassung als Norm, den Akt der Verfassunggebung aber als außerjuristischen Vorgang ansieht[8]. Der tatsächliche Charakter der Ververfassunggebung wird mit dem Fehlen einer Rechtsnorm begründet, die ein Organ zur Verfassunggebung einsetzt. Die Frage nach der verfassunggebenden Gewalt könne darum nur empirisch beantwortet werden.

---

[5] Verdross, ZaöRV 69, 645 f.
[6] Kelsen, RITD 39, 263; Suy, S. 232 f.
[7] Kelsen, Principles S. 307; Verdross, VR S. 138.
[8] Carré de Malberg I S. 64 ff., II S. 491 f.; Giese, VerfDR S. 3; Götz, NJW 58, 1021; Haug, S. 157; Hildesheimer S. 39; Hoffmann, DöV 67, 436; Jeselsohn S. 93; Maschke S. 19; Stier-Somló S. 50, 525: „... metajuristischer Vorgang."

Stimmt man der hier vertretenen Theorie zu, nach der Recht nur aus Recht ableitbar ist, ist diese Folgerung zwingend. Es kann damit jedoch nicht sein Bewenden haben, da außerrechtliche Vorgänge nicht die Quelle für das Verfassungsrecht sein können.

III. Die Grundnorm

Der verfassunggebende Tatbestand gehört in den Bereich der soziologischen Wirklichkeit. Ein Mensch oder eine Menschengruppe erläßt im Staatsgebiet an das Staatsvolk Befehle, die eine Verfassung zum Gegenstand haben. Diese Befehle werden wirksam, indem sie zwangsweise durchgesetzt oder freiwillig befolgt werden.

Rechtliche Verbindlichkeit erlangen diese Befehle durch eine Einsetzungsnorm. Diese kann weder einem außerjuristischen Normensystem noch dem positiven Recht des Staates angehören.

Logisch denkbar ist eine Norm des Völkerrechts, die an obigen Tatbestand die objektive Geltung der gesetzten Verfassung knüpft[9]. Nach dieser monistischen Konstruktion bilden Staatsrecht und Völkerrecht ein durchgängiges Normensystem. Da die Verfassung vom Völkerrecht mit Verbindlichkeit ausgestattet wird, steht sie in der Normenpyramide nicht an der Spitze. Die Kette der Einsetzungsnormen führt zur Grundnorm des Völkerrechts, die die Staatengewohnheit mit Rechtsverbindlichkeit ausstattet[10].

Nach der entgegengesetzten dualistischen Auffassung stehen sich Völkerrecht und Staatsrecht als einander fremde Normensysteme selbständig gegenüber. Das Völkerrecht enthält keine Delegationsnorm für das Staatsrecht. Das Verfassungsrecht ist ein originärer Normenkomplex[11]. Bei dieser Theorie muß mangels einer positivrechtlichen Einsetzungsnorm die Geltung der Verfassung *voraus*gesetzt werden. Weil nicht weiter gefragt werden kann, warum die Verfassung gilt, wird eine hypothetische Grundnorm angenommen. Sie ermöglicht es, den tatsächlichen Akt der Verfassunggebung als rechtsverbindlich anzuerkennen. Die Grundnorm des Staates lautet: Wenn Menschen im Gebiet eines Staates für das dort ansässige Staatsvolk eine Verfassung geben, die Wirksamkeit erlangt, ist dieser Verfassung Folge zu leisten[12].

---

[9] Bisher stand nur fest, daß das Völkerrecht kein bestimmtes Organ zur Verfassunggggebung einsetzt.

[10] Kelsen, RR S. 328 ff., bes. S. 336 ff.; AllgStL S. 126; Merkl, ZöffR V, 497 ff., 505 ff.; Sander S. 154.

[11] Hoffmann, Verantwortung S. 10 f.

[12] Eine hypothetische Grundnorm sehen als unerläßlich an: Affolter S. 67 ff.; Burckhardt, S. 145, 180; Fleiner / Giacometti S. 25; W. Jellinek, Grenzen S. 16; Kelsen, SouvVR S. 25 f.; AllgStL S. 104, 126, 248 ff.; RR S. 23, 32, 197, 200 ff., Formulierung z. B. RR S. 8, AllgStL S. 99.

III. Die Grundnorm

Mit den wesentlichen Argumenten, die gegen das Voraussetzen einer Grundnorm vorgebracht werden, haben sich obige Ausführungen schon auseinandergesetzt. Auf oberste Grundwerte nimmt die Grundnorm in der Tat keinen Bezug[13].

Kelsen setzt jedoch nur eine wirksame Rechtsordnung als geltend voraus. Dabei ist anzumerken, daß nur eine wirksame Rechtsordnung Frieden sichern kann und Kelsen die Friedenssicherung als eine dem Recht innewohnende Tendenz anerkennt[14]. Völlig wertfrei ist also die Grundnorm Kelsens nicht[15].

Mit soziologischen Verfassungsbegriffen ist die Annahme einer Grundnorm selbstverständlich nicht zu vereinbaren[16].

Die Grundnorm ermöglicht es, den verfassunggebenden Akt als normerzeugenden Tatbestand zu deuten. Sie enthält darum weder eine Tautologie[17] noch ist es ihre Aufgabe, praktische Einzelfragen zu lösen[18].

Es besteht die Möglichkeit, daß sich die hypothetische Grundnorm im weiteren Erkenntnisverfahren als vorläufige Haltestelle erweist und nur der Urgrund des Kosmos als endgültiger Ausgangspunkt angesehen werden kann[19]. Es wird nicht versucht, diesen Einwand zu widerlegen, weil zur Lösung der hier gestellten Probleme ein relativer Ruhepunkt genügt. Ebensowenig wird begründet, warum im Verhältnis vom Völkerrecht zum Staatsrecht der dualistischen Theorie gefolgt wird.

---

[13] Kritisch Kägi, Volksinitiative S. 808 a.
[14] RR S. 40.
[15] Verdross, VR S. 17 f.
[16] Kritisch C. Schmitt, VerfL S. 8 f., 55.
[17] Kritisch Henrich S. 197 ff.
[18] Kritisch Schwinge, Methodenstreit S. 13 f.
[19] Verdross, VerfVRGem S. 32.

G. Der Träger der verfassunggebenden Gewalt

I. Allgemein

Träger der verfassunggebenden Gewalt ist derjenige, der eine Verfassung setzt, die Wirksamkeit erlangt.

Neben dem Normsetzer kommen als Verfassunggeber die politischen Kräfte in Betracht, die der Verfassung zur Wirksamkeit verhelfen, also eine Bedingung ihrer Geltung schaffen. Die Möglichkeit, daß verschiedenartige politische Faktoren als Verfassunggeber anzusehen sind, darf nicht von vornherein ausgeschlossen werden.

II. Die nähere Umschreibung des Normsetzers

1. Zur Bedeutung der Redakteure der Verfassung

Zu der politischen Macht, die die Geltung einer Verfassung anordnet, gehören nicht immer die Redakteure des Verfassungstextes[1]. Diesen Unterschied hebt schon Rousseau hervor. Zum Formulieren der Gesetze wünscht er sich ein Genie. Dieser außergewöhnliche Mann dürfe dennoch in keiner Weise gesetzgebende Befugnisse haben, denn diese stünden unveräußerlich dem Volke zu[2].

Der Ministerialbeamte X, der das vom Parlament beschlossene Gesetz verfaßt hat, kann nicht als Gesetzgeber angesehen werden. Ebenso scheidet der Fachmann, der mit der Ausarbeitung eines Verfassungsentwurfes beauftragt worden ist, als Verfassunggeber aus[3].

2. Der Normsetzer beim Zusammenwirken verschiedener Organe

Vom Verfasser eines Textentwurfes ist das Gremium zu unterscheiden, das den Wortlaut der Verfassung verbindlich feststellt, ohne dessen Rechtsgeltung alleine anordnen zu können oder zu wollen. Das Organ, auf dessen Mitwirkung es ankommt, kann nur diesem Entwurf zustimmen oder ihn ablehnen. Die Volksvertretungen der deutschen Län-

---

[1] von Beyme S. 14 ff.
[2] C.S. II 7; dazu Menger S. 59.
[3] Zum Einfluß Kelsens auf die textliche Gestaltung der österreichischen, Nawiaskys auf die der bayerischen Verfassung von Beyme S. 20 f. Die Folgerung S. 21 auf die nicht verwirklichte Volkssouveränität geht nach obigem in die Irre.

der, von denen nach Art. 144 I GG zwei Drittel das Grundgesetz annehmen mußten, konnten keine Änderungsvorschläge einreichen. Ebenso verhält es sich mit einem Verfassungsentwurf, der dem Volke zur Zustimmung unterbreitet wird[4]. Fraglich ist, welches der beiden Organe als das rechtsetzende angesehen werden muß.

Die Staatslehre der konstitutionellen Monarchie unterschied die Feststellung des Gesetzesinhalts vom Gesetzesbefehl[5]. Für Laband[6] war selbstverständlich der Monarch der alleinige Träger der ungeteilten und unteilbaren Staatsgewalt. Er allein sollte imstande sein, ein Staatsgesetz zu erlassen, d. h. den staatlichen Befehl seiner Befolgung zu erteilen. Hier hat die konservative Einstellung Labands in die Wissenschaft Eingang gefunden[7]. Es ist nicht möglich, dem Monarchen, der an den Gesetzentwurf der Volksvertretung gebunden ist, die Fülle der unteilbaren Staatsgewalt zuzuschreiben. Zu einem Gesetz sind der Beschluß des Parlaments und die Sanktion des Monarchen gleichermaßen erforderlich.

Entsprechend sind bei einem Zweikammersystem beide Kammern als gesetzgebende Organe anzusehen. Die Formulierungen einer Verfassung binden die Rechtstheorie nicht. Man kann darum nicht auf den Wortlaut des Art. 77 I 1 GG einerseits und des Art. 78 GG andererseits abstellen, wonach die Bundesgesetze vom Bundestag beschlossen werden, der Bundesrat ihnen aber nur zustimmt. Alle Organe, die beim Zustandekommen eines Gesetzes willensbildend mitzuwirken haben, sind gesetzgebende Organe[8], nicht aber der Bundespräsident.

Bei einer Verfassunggebung ist das Gremium, das den Verfassungstext bindend beschließt, ebenso wie das zur Zustimmung aufgerufene Organ Träger der verfassunggebenden Gewalt.

III. Rechtsdurchsetzende Organe

Bei einer Verfassung kommt es im Vergleich zum Gesetz im besonderen Maße auf das Wirksamwerden an. Ein Gesetz, das seine Geltung aus der Verfassung ableitet, hat von Anfang an Rechtsqualität, schon bevor es von den Gerichten und Verwaltungsbehörden angewendet worden ist[9]. Eine Verfassung, die wie die Paulskirchenverfassung keine Wirksamkeit erlangt, kann nicht als geltend angesehen werden. Deswegen ist dem Gedanken nachzugehen, ob die Inhaber der Macht, die die Verfassung durchsetzen, mit zu den Verfassunggebern zu zählen sind.

---

[4] Steiner S. 117.
[5] Hildesheimer S. 51; Laband, StRDR II S. 4 ff.
[6] StRDR II S. 4 ff.
[7] Steiner S. 218.
[8] G. Jellinek, GuVO S. 212; Kelsen, AllgStL S. 218.
[9] Kelsen, RR S. 11.

Zu diesen Machthabern gehören insbesondere die aus der vorkonstitutionellen Zeit überkommenen Staatsorgane. Dies wären die deutschen Fürsten gewesen, wenn sie die Paulskirchenverfassung ins Werk gesetzt hätten[10]. Von der Weimarer Verfassung heißt es, Rechtstitel ihrer Geltung sei der Gehorsam, den sie bei den Behörden und beim Volke gefunden hätte[11]. In diesen Zusammenhang gehört auch die Theorie, nach der das GG demokratische Legitimität durch die Beteiligung des Volkes an den Wahlen gewonnen habe. Unter dem Einfluß Smends lehrt Hesse[12], die normative Kraft der Verfassung hänge vom aktuellen Willen der an der Verfassungsleben Beteiligten ab. Letztlich schaffen das wählende Volk und jeder Bürger, der seine grundrechtlich verbürgten Freiheiten verteidigt, die Voraussetzungen für die Wirksamkeit der Verfassung. Wenn ein tägliches Plebiszit nachgewiesen werden könnte, wäre auch dieses geeignet, die Verfassung mit Leben zu erfüllen[13].

Hauriou lehnt es ausdrücklich ab, die rechtssetzende politische Macht allein als Verfassunggeber anzusehen. Seiner Ansicht nach entsteht eine Rechtsregel aus dem Zusammenwirken einer politischen Macht mit der Freiheit der Bürger[14]. Die Verfassunggebung durchlaufe zwei Phasen: In der ersten setze eine Minderheitsgewalt[15] eine Rechtsregel, die vorläufig nur die Manifestation ihres subjektven Willens sei. In der zweiten Phase werde diese Willensäußerung durch freiwillige oder erzwungene Annahme der Mehrheitsgewalt zu einer objektiv verbindlichen Rechtsnorm[16]. Wenn sich die soziale Umgebung nicht unterwerfe, entstehe das Recht nicht endgültig. Die Machthaber seien dann um des Friedens willen verpflichtet, die Rechtsnorm zurückzunehmen[17].

Die geschilderten Ansichten weisen auf die Bedeutung hin, die dem Verhalten der Normunterworfenen für die Wirksamkeit und damit das Ingeltungtreten der Verfassung zukommt. Auch die rechtsdurchsetzenden Staatsorgane, nicht nur die Bürger, befolgen die neue Verfassung und gehören mit zu den Normunterworfenen. Dies bleibt bei Hauriou unberücksichtigt. Wertvoll ist bei seiner Lehre insbesondere der Hinweis auf den Zeitablauf, der zwischen der Normsetzung und der Gültigkeit der Norm liegen kann[18].

---

[10] Anders Henke S. 40.
[11] Giese, VerfDR S. 3.
[12] Grundzüge S. 18.
[13] Burdeau III 244; Eichenberger S. 82; Smend S. 18 unter Berufung auf Renan; Zülch S. 88; sämtliche ohne die Einschränkung hier.
[14] Hauriou S. 2 f., 10 f.
[15] S. 255.
[16] S. 254.
[17] S. 253. Die Lehre Haurious wurde auf die Verfassunggebung konkretisiert wiedergegeben. Hauriou S. 253 ff. spricht allgemein von Rechtsregeln.

Bevor sich nicht die Verfassung endgültig durchgesetzt hat, liegt keine Rechtsverbindlichkeit vor. In dieser Zwischenphase können diejenigen, an die sich die Verfassung richtet, der neuen Ordnung die Unterstützung verleihen, die sie braucht. Militär, Polizei, Gerichte, aber auch jeder Bürger können die neue Verfassung für etwas politisch Wünschenswertes halten und sie befolgen oder auch in der irrigen Überzeugung handeln, die neue Verfassung sei bereits in Geltung erwachsen.

Wenn eine Verfassung nicht sofort die allgemeine Anerkennung findet, die das Grundgesetz gefunden hat, ist die noch ungültige Verfassung einer im Entstehen begriffenen Norm des Völkergewohnheitsrechtes vergleichbar. Die Adressaten der in statu nascendi befindlichen Norm befolgen diese und tragen damit zu ihrer Positivierung bei. Im Völkerrecht sind die Staaten originäre Subjekte zur Setzung des Völkergewohnheitsrechts und gleichzeitig seine Adressaten. Dies legt zunächst den Schluß nahe, als Verfassunggeber alle zu bezeichnen, die sich an die entstehende Verfassung gebunden fühlen und ihr in der Absicht gehorchen, ihr Geltung zu verschaffen. Gemäß dem Satze: oboedientia facit imperantem, sieht W. Jellinek[19] den Entstehungsgrund einer neuen Verfassung in dem Gehorsam, der ihr entgegengebracht werde.

Bedenken gegen diese Gedankenführung ergeben sich jedoch, wenn auf die Unterschiede bei der Entstehung von Völkergewohnheitsrecht und Verfassungsrecht hingewiesen wird. Die Staaten, die durch ihre Übung eine Norm des Völkergewohnheitsrechtes positivieren und sich an diese Norm gebunden fühlen, sind auch dazu berufen, den Inhalt der Norm zu gestalten. Die Machtfaktoren, die der entstehenden Verfassung ihre Unterstützung verleihen, finden die Entscheidung des historischen Verfassunggebers vor. Es liegt eine inhaltlich bestimmte, fremde Willensäußerung vor, die mit dem Anspruch auf Rechtsverbindlichkeit auftritt. Für die Staatsorgane liegt eine gesetzte Norm vor, die es nur durchzusetzen gilt. Die Wirksamkeit als Bedingung der Geltung wird von allen gesetzt, die zum Siege der neuen Verfassung aktiv beitragen oder ihr nur passiv gehorchen. Zwischen Befehl und Gehorsam besteht keine scharfe Polarität, weil im Befolgen der Norm der Wille des Befolgenden zur Unterordnung mit enthalten ist. Dennoch ist es ein „gewaltiger Unterschied", ob jemand den Befehl eines anderen als verbind-

---

[18] Darauf geht auch Burdeau III 216 f. ein. Es bestehe zunächst nur eine Vermutung dafür, daß die neue Gewalt den Willen des souveränen Volkes ausdrücke. Dies müsse durch Erfolg bewiesen werden.

[19] Grenzen S. 16. Jellinek spricht von Gewalten. Maßgeblich sind jedoch die von ihnen gesetzten Normen.

lich anerkennt, ihn durchsetzt oder befolgt, oder ob er selbst bestimmt, was zu geschehen hat[20].

Die politischen Faktoren, die die Wirksamkeit der neuen Verfassung herbeiführen, gehören nicht zum Träger der verfassunggebenden Gewalt. Demnach sind auch die Kräfte, die eine bestehende Verfassung am Leben erhalten, nicht als Träger der verfassunggebenden Gewalt anzusehen.

IV. Die ex-post-Bestimmung des verfassunggebenden Organs

Die Frage, wer Träger einer bestimmten historischen Verfassunggebung gewesen ist, läßt sich nur empirisch ex post beantworten. Da keine allgemeine Aussage möglich ist, können nur einige typische Vorgänge herausgegriffen werden.

1. Diktatur

In neuerer Zeit ist häufig folgender Vorgang zu beobachten: Eine Militärjunta ergreift die Macht und ruft sich zum wahren Vertreter der Interessen des Volkes aus, während sich das bisherige Staatsoberhaupt auf einer Auslandsreise befindet. Bald darauf erläßt die Junta eine neue Verfassung und legt sie dem Volke zur Abstimmung vor.

In diesem unkomplizierten Fall ist die Junta Trägerin der verfassunggebenden Gewalt. Das anschließende Plebiszit ist nicht mehr als ein Echo auf den Willen der Machthaber und für die Geltung der Verfassung ohne konstitutive Bedeutung[21].

2. Gründung eines Bundesstaates

Zur Gründung des Norddeutschen Bundes und des Deutschen Reiches kann auf vorangegangene Ausführungen verwiesen werden[22]. Der für die Verfassunggebung des Bundes maßgebliche Akt war die Setzung des in den Gründungsverträgen vereinbarten Verfassungstextes, nicht die Verträge selbst. Verfassunggeber waren die Organe des neu entstandenen Bundes, und zwar in der Hauptsache die deutschen Fürsten. Da die Verfassung des Reiches mit dem Reichstag vereinbart wurde, muß auch der Reichstag mit als Verfassunggeber angesehen werden. Da unterschiedliche Machtfaktoren an der Verfassunggebung mitwirkten, hat der Begriff „Vereinbarung" seine Berechtigung[23].

---

[20] Somló S. 104 f.; wohl auch Kelsen, RR S. 242.
[21] Kritisch zu Plebisziten von Beyme S. 38 f.; Burdeau, Der Staat S. 393; von Herrnritt S. 19; Loewenstein, VerfL S. 154; TVerfÄ S. 33; Menzel, VÄ S. 172; Zweig S. 391.
[22] E. II. 2.
[23] Ablehnend C. Schmitt, VerfL S. 63.

IV. Die ex-post-Bestimmung des verfassunggebenden Organs 99

3. Verfassunggebende Nationalversammlung

Den Postulaten der klassischen Volkssouveränitätslehren wird am meisten entsprochen, wenn folgendermaßen verfahren wird: Das Volk wählt eine verfassunggebende Nationalversammlung in freier und geheimer Wahl. Diese arbeitet einen Verfassungstext aus, über den das Volk abzustimmen hat[24]. Es soll davon ausgegangen werden, daß keiner dieser Akte zur Verbrämung der wirklichen Vorgänge bestimmt ist.

a) Das Volk als Staatsorgan

Wenn das Volk souverän sein soll, muß es zunächst zu einer Einheit zusammengefaßt werden. Das Bewußtsein, handlungsfähiges Subjekt zu werden[25] oder die bewußte Identität mit sich selbst[26] genügen dazu nicht. Eine Rechtsnorm muß das Volk als Staatsorgan konstituieren, damit es rechtlich handlungsfähig wird.

Die verschiedenen Meinungen der dem Volke angehörenden Menschen können nur durch eine Rechtsnorm zu einer Einheit zusammengefaßt werden. Das Mehrheitsprinzip, durch das diese Zusammenfassung bewerkstelligt wird, ist keineswegs selbstverständlich, so daß es einer ausdrücklichen Setzung bedarf[27].

Hier zeigt sich eine Schwäche der Lehre, die mechanisch die Souveränität des Fürsten auf das Volk überträgt. Der Wille einer Einzelperson bedarf keiner Zusammenfassung, während sich ein Beschluß des Volkes nur nach seiner Organisierung durch Form- und Verfahrensvorschriften bilden kann[28]. Unorganisierte Willensäußerungen des Volkes, die C. Schmitt[29] in Akklamationen zu erkennen glaubt, laufen jeder denkbaren Verfassung zuwider, die eine Ordnung sichern will[30]. Das Volk als Organ ist durch Kompetenznormen begrenzt[31].

Zunächst muß eine Norm geschaffen werden, die das Volk zu dem Staatsorgan bestimmt, das die verfassunggebende Nationalversammlung zu wählen hat. Die Entscheidung für die Republik und die Demokratie geht der Tätigkeit der Nationalversammlung zeitlich und logisch

---

[24] von Beyme S. 32 ff.; Herzog, AllgStL S. 313; grundlegend Steiner.
[25] C. Schmitt, VerfL S. 50.
[26] C. Schmitt, VerfL S. 63. Kritisch Ehmke, Grenzen S. 42; Heller, AllgStL S. 278; Onishi S. 305.
[27] Affolter S. 56, 59; Hatschek, Parlamentsrecht S. 34; Heller, StL S. 271, 278; von Herrnritt S. 44 f.; Kelsen, Demokratie S. 14 f.; AllgStL S. 322; Onishi S. 302, 305; Rousseau, C. S. I 5, III 13, 18; Schindler S. 23, 119.
[28] Onishi S. 302.
[29] VerfL S. 82, 243.
[30] Burdeau, Der Staat S. 393; Kägi, Verfassung S. 39, 110, 181.
[31] BVerfGE 8, 115 f.

voraus. Diese Entscheidung trifft die provisorische Regierung[32] auf Grund ihres Rückhaltes bei einem Teil der Bevölkerung. In Deutschland war dies nach 1918 der Rat der Volksbeauftragten, hinter dem die Arbeiterschaft stand.

b) *Entscheidungen vor dem Zusammentreten der verfassunggebenden Nationalversammlung*

Mit der Entscheidung für die verfassunggebende Nationalversammlung liegen bereits die Grundsätze des neuen materiellen Verfassungsrechts fest, die die Nationalversammlung später nur noch zu formulieren hat[33]. Mit dem repräsentativen Typ der Demokratie wird dem Rätesystem eine Absage erteilt[34]. Meinungs-, Presse- und Versammlungsfreiheit und die Freiheit der Parteigründung müssen gewährleistet sein, da ohne eine freie Willensbildung eine freie Wahl nicht möglich ist. Die Gleichberechtigung der Geschlechter wird bereits im Wahlrecht zur Nationalversammlung grundsätzlich festgelegt.

Die wichtigsten Grundsätze der neuen Verfassung, die Konstituierung des Volkes als Staatsorgan, die repräsentative Demokratie und die hauptsächlichen Grundrechte bestimmt die provisorische Regierung. Sie trifft die wesentlichen Entscheidungen vor der Wahl zur verfassunggebenden Nationalversammlung, nicht das Volk selbst. Eine Zustimmung des Volkes ist nur zu einer fremden Entscheidung möglich. Es ist im modernen Großstaat keine Verfassunggebung denkbar, die nur vom Volke getragen wird.

c) *Die Einwirkungsmöglichkeiten des Volkes auf die verfassunggebende Nationalversammlung*

Bei der Wahl zur konstituierenden Nationalversammlung hat das Volk die Möglichkeit, zwischen den verschiedenen, bereits vorliegenden Sachprogrammen der kandidierenden Parteien zu entscheiden. Darin liegt der wichtigste Beitrag des Volkes zur Verfassunggebung. Die Parteien selbst sind nicht „Sprachrohr des mündig gewordenen Volkes", schon allein, weil ein Sprachrohr kein Sachprogramm ausarbeiten kann, das dem scheinbar Sprechenden vorgelegt wird[35].

Die Abgeordneten fühlen sich als Repräsentanten des Volkes und sehen sein Wohl als bestimmend für ihre Entscheidungen an. Infolge des freien Mandats werden jedoch die Abgeordneten des souveränen

---

[32] von Beyme S. 36 f.
[33] Insofern ist Henke S. 36 ff. und C. Schmitt, VerfL S. 58 ff. teilweise zuzustimmen.
[34] Giese, VerfDR S. 6 ff.; Maunz, DöV 53, 646; C. Schmitt, VerfL S. 84.
[35] Henke, S. 124, 129; teilw. abw. BVerfGE 20, 56 ff. 114.

IV. Die ex-post-Bestimmung des verfassunggebenden Organs

Volkes nahezu zwangsläufig zu souveränen Abgeordneten des Volkes[36]. Eine Entscheidung der Repräsentationskörperschaft ist keine Entscheidung des Volkes. „La volonté ne se représente point." Zu dieser klaren Einsicht Rousseaus[37] findet man allmählich wieder aus ideologischen Trübungen zurück. Ein Rechtssatz, der den Willen des Volkes mit dem seiner Repräsentanten gleichsetzt, enthält eine Fiktion[38].

Damit soll nicht gesagt werden, daß eine andere Lösung als die Wahl einer Repräsentativkörperschaft wünschenswert oder auch nur praktikabel sei. Doch bleibt die Mitwirkung des Volkes auf seine Einflußmöglichkeiten bei der Wahl beschränkt. Was die gewählte verfassunggebende Versammlung beschließt, kann dem Volke nur soweit zugerechnet werden, als es die Möglichkeit hatte, zwischen den Sachprogrammen der Parteien zu entscheiden.

d) Die verfassunggebende Tätigkeit der Nationalversammlung

Aufbauend auf C. Schmitt[39] sieht Henke[40] die Entscheidungen, die dem Zusammentreten der Nationalversammlung vorangehen, als Verfassunggebung und die Tätigkeit der Nationalversammlung als Verfassungsgesetzgebung an. Das Verfassungsgesetz, das die zur Ausführung der Verfassung notwendigen Normen enthalte, habe der Verfassung zu entsprechen.

Die Lehre Schmitts und Henkes ist insoweit richtig, als gewisse elementare Entscheidungen vor der Formulierung des Verfassungstextes getroffen werden. Die regelungsbedürftigen Materien grundsätzlicher Bedeutung werden damit jedoch nicht erschöpft. Auf den untrennbaren Zusammenhang zwischen „Verfassung" und „Verfassungsgesetz" im Sinne der Schmittschen Terminologie wurde schon hingewiesen. Es gibt in der Verfassung allgemeine Grundsätze, die durch Einzelbestimmungen konkretisiert werden müssen. Die konkretisierenden Vorschriften, die im Lichte des Grundsatzes zu betrachten sind, wirken ihrerseits auf den Grundsatz zurück. Nimmt man eine „Verfassung" im Sinne Schmitts vor dem Entstehen des Grundgesetzes an, die sich für die Menschenwürde und gegen die Barbarei entschieden hat, so ist damit über die

---

[36] Berlia, zit. nach Dupraz S. 368 a.
[37] C. S. III 15.
[38] von Beyme S. 7; Henke S. 10; G. Jellinek, VÄ S. 62; Kelsen, Demokratie S. 30, 84, AllgStL S. 311; Parlament S. 8; Onishi S. 304 ff.; C. Schmitt, VerfL S. 243 ff.; Thoma, HdBDStR I 193; Walter, VVDStRL H. 29, S. 91 ff. — a. A. wohl die noch h. M. von der auch das GG ausgeht, z. B. Art. 20, 38; Burdeau III 218; Hauriou S. 288; Heller, Souveränität S. 75; Kurz S. 313; Maunz, DöV 53, 648; ausführlich Steiner pass.
[39] VerfL S. 58 f.
[40] S. 32 ff.

Zulässigkeit der Todesstrafe noch nichts gesagt[41]. Diese Erwägungen gaben den Ausschlag gegen die Abtrennung der sogenannten Verfassungsgesetze von der Verfassung.

Die Tätigkeit der Nationalversammlung ist echte Verfassunggebung.

e) Der Kompromißcharakter der Verfassung

Die Art und Weise, auf die über den Verfassungstext beschlossen wird, ist je nach dem politischen Stil der Parteien unterschiedlich. Wenn die Mehrheit die Minderheit in einem Abstimmungssieg überwältigt, bleiben die Gegensätze unausgetragen[42]. Die Verfassung wird bei einem solchen Verfahren ihre friedensstiftende Aufgabe schwerlich erfüllen. Aus diesem Grunde ist eine Übereinstimmung aller politischen Gruppen wünschenswert[43], wenn auch nicht immer zu erreichen. Die Minderheit wird einen Abstimmungssieg nur respektieren, wenn sie auf den Beschluß hat Einfluß nehmen können. Der obsiegende Teil läßt sich in der vorangehenden Diskussion zu einem Entgegenkommen bestimmen, weil die Anerkennung des Mehrheitsprinzips die Existenzberechtigung der Minderheit einschließt[44]. Im wesentlichen stellt die Beschlußfassung über den Verfassungstext einen Kompromiß zwischen den beteiligten politischen Parteien dar[45].

f) Die angebliche Einheitlichkeit der verfassunggebenden Gewalt

Der verfassunggebenden Gewalt wird von C. Schmitt und seinen Anhängern[46] Einheitlichkeit und Unteilbarkeit zugeschrieben. Das Zusammenwirken verschiedener politischer Faktoren, aus dem ein Kompromiß resultiert, wird als Verfassungsgesetzgebung, nicht als Verfassunggebung eingestuft[47].

Diese Lehre ist eine Konsequenz der Unterscheidung von Verfassung und Verfassungsgesetz, die sich nicht aufrechterhalten läßt. Wie sich schon ergeben hat, wird die Nationalversammlung verfassunggebend tätig. Die Verfassungsurkunde, die sie beschließt, geht aus einem Kompromiß der uneinheitlichen Parteien hervor, die an ihrer Ausarbeitung mitgewirkt haben.

---

[41] Vgl. Art. 47 IV bayerische Verfassung, Art. 121 II Bremer Verfassung; Art. 21 I hessische Verfassung.
[42] Herrfahrdt RuLd S. 278.
[43] Herrfahrdt, RuLd S. 279.
[44] Kelsen, Demokratie S. 56 ff.; Parlamentarismus S. 30 f.
[45] von Beyme S. 63 f., Herrfahrdt, RuLd S. 278 f.; Loewenstein, TVerfÄ S. 57.
[46] VerfL S. 53, 63, 77; Curtius S. 30; Gutmann S. 58; Maunz StR S. 46.
[47] C. Schmitt, VerfL S. 28 f.

g) Die Zustimmung des Volkes zum Verfassungsentwurf der Nationalversammlung

Der Ausarbeitung des Verfassungsentwurfes durch die Nationalversammlung kommt gegenüber der Zustimmung des Volkes das Hauptgewicht zu. Zustimmen wird das Volk in den meisten Fällen, denn es besteht eine gewisse Wahrscheinlichkeit, daß die Beschlüsse der Nationalversammlung mit dem Willen des Volkes übereinstimmen[48]. Vor allem wird sich das Volk der Autorität der verfassunggebenden Nationalversammlung beugen. Für diejenigen, die den Willen des Volkes als repräsentierbar ansehen, ist das anschließende Plebiszit ohnehin entbehrlich[49].

h) Ergebnis

Beim klassischen Verfahren der Verfassunggebung trifft nicht das Volk die maßgeblichen Entscheidungen, sondern elitäre Minderheiten, vor allem die provisorische Regierung und die politischen Parteien. Die Nationalversammlung ist es, die einen Kompromiß zwischen den einzelnen parteipolitischen Verfassungsvorstellungen beschließt. Die Beteiligung des Volkes besteht vor allem in der Wahl zur verfassunggebenden Nationalversammlung. Von größerer Bedeutung dürfte jedoch sein mutmaßlicher Wille sein, der zwar keine Rechtssetzung darstellt, aber für die verfassunggebenden Minderheiten eine Vorgegebenheit ersten Ranges bedeutet. Ohne die Berücksichtigung dieses Willens haben die von der Elite gesetzten Akte kaum Aussicht auf Erfolg.

V. Die fortschreitende normative Bindung der verfassunggebenden Gewalt

Bei der Entwicklung der Einzelakte, an deren Abschluß die Verfassung steht, hat sich gezeigt, daß die These von der Freiheit des Verfassunggebers verfeinert werden muß. Am Anfang besteht Freiheit von Verfahrensvorschriften und materiellen Bindungen. Als erstes wird eine Bindung an einige elementare Grundsätze, etwa die Demokratie, geschaffen, während hinsichtlich anderer materieller Regelungen noch Freiheit besteht. Ebenso tritt zu Beginn der Verfassunggebung eine Bindung an Verfahrensvorschriften ein, da ohne sie eine Beschlußfassung nicht möglich ist. Im weiteren Verlauf der Verfassunggebung wird die Freiheit des Verfassunggebers mehr und mehr eingeengt. Mit dem Abschluß der Verfassunggebung ist die Freiheit von Form- und Verfahrensvorschriften und materiellen Bindungen aufgehoben.

---

[48] Henke S. 39.
[49] Steiner S. 101, 105.

VI. Zur Entstehung des Grundgesetzes

Vor dem Zusammentreten des Parlamentarischen Rates gab es keine provisorische Regierung, deren Bedeutung der von 1919 im deutschen Reich vergleichbar wäre. Dies ergab sich aus der Anwesenheit der Besatzungsmächte, die das vorhergehende Verfassungsrecht beseitigt hatten. Demokratie und Republik brauchten sich nicht gegen eine überkommene Ordnung zu behaupten und standen nicht zu einer wirklichen Entscheidung an[50]. Im Gewande von „Empfehlungen" wirkten die Alliierten nachhaltig auf die Arbeit des Parlamentarischen Rates ein[51]. Maßgeblich für die Schaffung des Grundgesetzes waren die politischen Parteien, die schon vor dem Zusammentreten des Parlamentarischen Rates in den einzelnen Ländern Föderalismus, Demokratie und Rechtsstaatlichkeit verwirklicht hatten. Für den Bund kam etwas anderes nicht in Betracht. In Bezug auf den Gegenstand der Beratung und im Anteil an der Verfassunggebung war der Parlamentarische Rat einer verfassunggebenden Nationalversammlung vergleichbar. An die Stelle des Wahlvolkes traten die Volksvertretungen der Länder, die die Abgeordneten in den Parlamentarischen Rat entsandten[52] und später dem Grundgesetz zustimmten.

---

[50] von Simson, VVDStRL H. 29, S. 11.

[51] Dennewitz, BK, Einl. II, Entstehungsgeschichte des BGG; Huber, Quellen zum Staatsrecht der Neuzeit, Bd. 2, 1951.

[52] Nawiasky, Grundfragen S. 12, bedauert, daß bei der Fassung der Präambel des Grundgesetzes die Länder als handelnde Faktoren eliminiert wurden.

H. Das Rechtsschicksal des Verfassunggebers nach dem Akt der Verfassunggebung

Der historische Verfassunggeber ist im Vorhergehenden dargestellt worden. Für sein Rechtsschicksal nach Erlaß der Verfassung sind drei theoretische Möglichkeiten zu erörtern. Die verfassunggebende Gewalt kann fortbestehen, auf die verfassungsändernde Gewalt übergehen oder sich mit dem Erlaß der Verfassung verbrauchen.

I. Zur Permanenz der verfassunggebenden Gewalt des Volkes

Der Fortbestand der verfassunggebenden Gewalt ist für alle Theorien zwingend, die von einer überpositiven Volkssouveränität ausgehen. Die Volkssouveränität wird definiert als Recht des Volkes, sich jederzeit frei von Formen eine Verfassung zu geben[1]. Die verfassunggebende Gewalt des Volkes soll unveräußerlich sein und nicht absorbiert oder konsumiert werden können[2].

Mit der Volkssouveränität kann die Permanenz der verfassunggebenden Gewalt nicht begründet werden, wenn man mit der hier vertretenen Auffassung überpositives Recht leugnet und damit keine a priori bestehende Volkssouveränität anerkennt.

II. Rechtsdurchsetzende Organe

Wenn Macht oder Autorität als Quelle des Rechts angesehen wird[3], muß auch die verfassunggebende Gewalt als beständig angenommen werden. In dieser Auffassung wurde ein logischer Bruch nachgewiesen[4]. Doch auch nach der hier vertretenen Lehre bedarf eine Verfassung der Wirksamkeit, die ohne reale Willensträger[5] nicht denkbar ist. Eine in Geltung erwachsene Verfassung kann obsolet werden, wenn ihr durch desuetudo oder brüsk durch eine Revolution die Wirksamkeit entzogen wird. Ihr Bestand hängt von einer immer neuen Aktualisierung und

---

[1] Constitution française 1791, Titre VII, Art. I.

[2] Affolter S. 67; Arnold S. 13; Bachof, Verfassungsnormen S. 36; Badura, EVStL Sp. 2348; Burdeau III S. 211; Dupraz S. 386 a f.; Hamm S. 35 f.; Henke S. 29; Maunz, DöV 53, 645 ff.; C. Schmitt, VerfL S. 77, Zülch S. 116, 121.

[3] s. o. C. V.

[4] s. o. C. V. 6.

[5] Nawiasky, AllgRL S. 6.

damit dem Willen der für das Verfassungsleben Verantwortlichen ab[6]. Diese Willensträger, die für den Fortbestand der Verfassung sorgen, sind aber ebensowenig wie die Machtfaktoren, die sie erstmalig durchsetzen[7], als Verfassunggeber anzusehen. Es ist ein Unterschied, ob die Effektivität einer bestehenden Verfassung erhalten oder ob eine neue Verfassung gesetzt wird. Auch das einfache Gesetz bedarf der Durchsetzung, ohne daß Polizei und Staatsanwaltschaft als Gesetzgeber eingestuft werden könnten.

III. Kein dauernd zur Verfassunggebung berufenes Organ

Für den Fortbestand der verfassunggebenden Gewalt ist maßgeblich, ob diese die bestehende Verfassung unaufhörlich zu bestätigen oder dauernd neu zu geben befugt ist[8]. Auf das Schicksal der an der Verfassunggebung Beteiligten kommt es nicht an. Das Verschwinden des Parlamentarischen Rates oder das Weiterbestehen der einst verfassunggebenden schweizerischen Kantone[9] sind als Argumente für den Fortbestand oder den Untergang der verfassunggebenden Gewalt gleichermaßen nicht stichhaltig.

Da die verfassunggebende Gewalt nicht normierbar ist, lassen positvrechtliche Vorschriften wie die Präambel des Grundgesetzes oder Art. 146 keinen Schluß auf ihre Existenz während der bestehenden Verfassung zu[10]. Die verfassunggebende Gewalt aktualisiert sich nur im Akte der Verfassunggebung und kann erst ex post empirisch bestimmt werden. Revolutionen können durch keine Rechtsnorm ausgeschlossen werden[11]. In diesem Sinne kann die verfassunggebende Gewalt selbstverständlich jederzeit hervortreten, doch wird hier gerade nach ihrem Verbleiben während einer bestehenden Verfassung gefragt. Für ihr Vorhandensein während einer bestehenden Verfassung haben sich keine Anhaltspunkte ergeben.

IV. Verfassungstranszendente Organe

An dieser Stelle ist eine klare Einordnung der Organe geboten, die über der Verfassung stehen und von ihr unabhängig sein sollen. Der konstitutionelle Monarch leitet seine hoheitlichen Befugnisse anscheinend nicht von der Verfassung ab, sondern umgekehrt scheint die Ver-

---

[6] Heller, AllgStL S. 296; Hesse, Grundzüge S. 18.
[7] s. o. G. III.
[8] Rousseau, C. S. III 12.
[9] Battelli S. 30; Dupraz S. 584 a. Hier wird eine a. A. zur Entstehung einer Bundesverfassung vertreten.
[10] a. A. Hamm S. 36.
[11] W. Jellinek, Grenzen S. 15.

fassung auf seinem Willen zu beruhen[12]. Seiner Stellung ist das „verfassungstranszendente" Fortbestehen einer kommunistischen Partei vergleichbar, für die die Verfassung als Teil der Rechtsordnung nur ein Instrument des Klassenkampfes zur Durchsetzung der vermeintlichen Gesetzlichkeit der gesellschaftlichen Entwicklung ist[13].

In beiden Fällen hat die Verfassungsurkunde nicht den Rang, der etwa dem Grundgesetz zukommt. Dennoch kann man jene Organe nicht als verfassungstranszendent bezeichnen. Sie haben ihre hoheitlichen Befugnisse kraft des materiellen, ungeschriebenen Verfassungsrechts inne, das die Verfassungsurkunde aus heutiger bzw. westlicher Sicht nur unzulänglich wiedergibt.

V. Zum Übergang der verfassunggebenden Gewalt auf den verfassungsändernden Gesetzgeber

Es wird die Ansicht vertreten, die verfassunggebende Gewalt gehe mit der Setzung der Revisionsnormen vom Naturzustande in Rechtsform über[14]. Ohne Zweifel wird bei einer Verfassungsänderung ebenso wie bei der ursprünglichen Verfassunggebung Verfassungsrecht gesetzt. Daraus ergibt sich eine gewisse terminologische Berechtigung, auch den verfassungsändernden Gesetzgeber als Verfassunggeber zu bezeichnen. Sollte sich jedoch herausstellen, daß der verfassungsändernde Gesetzgeber einer Kompetenzzuweisung bedarf, die in einer Norm des historischen Verfassunggebers enthalten ist, liegt kein Übergang der Funktionen vor. Die Behauptung, die verfassunggebende Gewalt gehe in Rechtsform über, verdunkelte dann den grundlegenden Unterschied zwischen einer originären und derivativen Rechtserzeugung.

Im folgenden wird die Verfassungsrevision in den Stufenbau der Rechtsordnung eingefügt.

1. Der Begriff der Verfassungsänderung

a) Der Kernbegriff

Vorab ist der Begriff der Verfassungsänderung klarzustellen. Bei einer Verfassungsänderung wird auf den Text oder den Inhalt der Verfassungsurkunde eingewirkt. Oft bezeichnet man mit „Verfassungsänderung" verkürzend den Vorgang, in dem ein Verfassungsrechtssatz

---

[12] Dazu Ehmke, AöR 79, 388.
[13] Kastari S. 62 f.; Scheurele, AöR 77, 436.
[14] Burdeau III S. 46 f., 207; Curtius S. 37; Haug S. 150, 156 f.; Hildesheimer S. 22, 45; von Herrnritt S. 42; Jeselsohn S. 91, wohl anders S. 93; Krüger, AllgStL S. 922 für den Fall, daß die Revisionsnormen genügend Freiraum lassen; Nef S. 134; Steiner S. 222.

gestrichen und durch einen neuen ersetzt wird. Zur Verfassungsänderung gehört jedoch auch die ersatzlose Streichung eines Verfassungsartikels oder die Einfügung eines neuen, ohne daß etwas am Wortlaut bestehender Vorschriften geändert wird[15].

b) *Authentische Interpretation*

Umstritten ist die Einordnung der authentischen Interpretation, die einige Autoren von der Verfassungsänderung abgrenzen wollen[16].

Die authentische Interpretation ist ein Akt des Gesetzgebers, der auf Sinngebung angelegt ist, während die doktrinelle Interpretation auf eine Sinnerkenntnis abzielt. Diese arbeitet wissenschaftlich mit logischen Folgerungen, während jene kraft hoheitlicher Befugnis bestimmt wird. Die authentische Interpretation bereitet mehreren wissenschaftlichen Auslegungsmöglichkeiten ein Ende und präzisiert die bisher mehrdeutige Norm. Bei der Verfassung kann dies nur im Wege der verfassungsändernden Gesetzgebung geschehen. Die Voraussetzungen und Rechtsfolgen einer authentischen Interpretation stimmen mit denen anderer Verfassungsänderungen vollkommen überein[17].

Der Begriff „Klarstellung" in Art. 79 I 2 GG, der nach seiner Entstehungsgeschichte eine Änderung verhüllen sollte[18], ergibt nichts für die Zulässigkeit der dort erwähnten Ergänzungsklausel.

c) *Gesetzesvorbehalt*

Wenn das Grundgesetz die nähere Bestimmung einer Materie dem einfachen Gesetzgeber überläßt[19], darf dieser von der Regelung im Grundgesetz selbst nicht abweichen. Auf den Inhalt des Grundgesetzes wird nicht eingewirkt. Die Konkretisierungen gehören zum einfachen Gesetzesrecht. Der einfache Gesetzgeber ändert die Verfassung nicht[20].

Macht dagegen der einfache Gesetzgeber von einem Gesetzesvorbehalt Gebrauch, der einer Grundrechtsbestimmung angefügt ist, wird das Grundrecht durch das Gesetz konstitutiv eingeschränkt. Die Technik des Gesetzesvorbehaltes nimmt jedoch diese inhaltliche Verfassungsänderung von den Erfordernissen des Art. 79 I, II aus[21].

---

[15] Arnold S. 7; Loewenstein, ErschfVÄ S. 110.

[16] Ehmke, AöR 79, 412; Loewenstein, DöV 56, 386.

[17] Arnold S. 7; Goessl S. 44 f.; Jacobi S. 266; Klein KudW III 574 ff. mwN; Menzel, BK Nachtrag Art. 79 I Anm. II 3; Nawiasky, AllgRL S. 140 f.; Scheuner, DVBL 52, 617.

[18] Menzel, BK Nachtrag Art. 79 Anm. II 1; Loewenstein KudW III S. 544.

[19] Aufzählung bei Kratzer, DVBl. 52, 431.

[20] Giese / Schunck, Art. 79 Erl. II 1; a. A. Hensel S. 316; Jacobi S. 239; Menzel BK Nachtrag Art. 79 I Anm. II 6.

[21] Bezüglich Art. 79 I ist Klein, DVBl. 54, 43 a. A.

V. Zum Übergang auf den verfassungsändernden Gesetzgeber

Um die europäische Integration zu erleichtern, hat Art. 24 GG den Gesetzgeber zur „Übertragung" von Hoheitsrechten auf zwischenstaatliche Einrichtungen von den Erfordernissen einer Verfassungsänderung befreit. Durch einfaches Gesetz kann der Bund auf Kompetenzen verzichten und Einschränkungsmöglichkeiten für Grundrechte schaffen, ohne daß die Voraussetzungen der Art. 79 I, II GG erfüllt sein müßten[22].

Bei Gesetzen, die den Inhalt der in der Verfassungsurkunde enthaltenen Normen ändern, ohne den Verfassungstext zu berühren, spricht man von materiell verfassungsändernden Gesetzen[23]. Sie sind von Änderungen des materiellen Verfassungsrechts, das im einfachen Gesetzesrecht enthalten sein und wie jedes andere Gesetz geändert werden kann, zu unterscheiden[24].

Dieser Abschnitt hat nur Veränderungen der Verfassungsurkunde zum Gegenstand.

2. Der Geltungsgrund eines neuen Verfassungsartikels

a) Der Satz von der lex posterior

Die vom historischen Verfassunggeber gesetzte Verfassung ist ein geschlossenes und endgültiges Normensystem, wenn sich nicht ihre Abänderbarkeit begründen läßt[25]. Da das Recht ein einheitliches System von Rechtsanwendung und Rechtserzeugung darstellt, muß zur Frage der Abänderbarkeit bei generellen und individuellen Normen eine einheitliche Antwort gefunden werden[26].

Bei generellen Normen, also einfachen und verfassungsändernden Gesetzen, besteht die Neigung, den Satz: lex posterior derogat legi priori, als selbstverständlich vorauszusetzen[27]. Bei Gerichtsurteilen soll der Satz von der res iudicata gelten, während bei Verwaltungsakten kein unmittelbar einleuchtendes Prinzip angeboten wird. Die gegensätzlichen, ja widersprüchlichen lateinischen Rechtssprichwörter entbehren einer Begründung. Das Späterkommen eines verfassungsändernden Gesetzes ist weder Grund für sein Ingeltungtreten noch für das Erlöschen der älteren, außer Kraft zu setzenden Norm[28]. Mit der Rechtskraft des Urteils und der Bestandskraft mancher Verwaltungs-

---

[22] Hoffmann, DöV 67, 437; Wiedervereinigung S. 126; Menzel BK Art 79 I Nachtrag Anm. II 9 c.
[23] Bilfinger S. 173; Dohna S. 33; Hoffmann siehe Fn. 22; Laband StRDR II S. 38 f.
[24] Unklar Krüger, DöV 61, 722; a. A. Meyer-Arndt S. 275.
[25] Im Anschluß an Merkl, Rechtskraft S. 234.
[26] Merkl, Rechtskraft S. 233.
[27] Hensel S. 314; zur geschichtlichen Entwicklung Quaritsch, Parlamentsgesetz S. 18 ff.
[28] Merkl, Rechtskraft S. 236.

akte wird die These widerlegt, der Urheber einer Norm sei ohne weiteres zu ihrer Abänderung befugt[29]. Ein Monarch, der eine Verfassung oktroyiert, zu deren Änderung die Zustimmung der Stände erforderlich ist, kann diese nicht mehr einseitig aufheben. Zwischen der Verfassunggebung und ihrem contrarius actus besteht ein grundlegender Unterschied[30].

Früher war Kelsen[31] der Ansicht, der Satz von der lex posterior sei in der Grundnorm als logischem Ursprung des Rechtssystems gelegen. Auch diese Meinung ist mit dem Hinweis auf die Rechtskraft von Gerichtsurteilen und Verwaltungsakten zu widerlegen. Gerichtsurteile und Verwaltungsakte sind nur unter besonderen Voraussetzungen durch Normsetzungsakte der gleichen Art aufhebbar. Das gesetzte Recht, nicht die vorausgesetzte Grundnorm, bestimmt über die Aufhebbarkeit und damit die Änderbarkeit einer Rechtsnorm. Diese kann auf den verschiedenen Stufen der Normenpyramide unterschiedlich geregelt werden[32]. Eine allgemeine Begründung der Abänderbarkeit mit der Grundnorm ist nicht möglich. Die fälschliche Ableitung des Satzes von der lex posterior aus der Grundnorm verdunkelt die Erkenntnis der Normstufe, die die Änderbarkeit statuiert.

b) *Die Revisionsklausel als Einsetzungsnorm*

aa) Die Notwendigkeit einer Einsetzungsnorm

Die Geltung eines neuen Verfassungsrechtssatzes kann auf einer Norm des Völkerrechts beruhen, wenn man der monistischen Theorie folgt. Bei der dualistischen Theorie, die hier vertreten wird, kann seine Geltung entweder aus der hypothetischen Grundnorm oder der in der Verfassung enthaltenen Revisionsklausel abgeleitet werden. Auf den Unterschied der monistischen und der dualistischen Konstruktion kommt es für die Folgerungen, die hier zu ziehen sind, nicht an. Ein Unterschied ist es jedenfalls, ob ein Verfassungsrechtssatz originär gesetzt und vermittels einer hypothetischen Grundnorm als geltend angesehen wird oder ob bei seiner Setzung die Revisionsnorm angewendet wird, mithin eine derivative Rechtserzeugung vorliegt[33]. Eine derivative Normerzeugung setzt eine Verfahrensregelung im positiven Recht voraus. Das in der Verfassung enthaltene Normerzeugungsver-

---

[29] So aber Bridel / Moor S. 45.
[30] Burckhardt S. 214; allgemein zu Rechtsnormen Merkl, Rechtskraft S. 231, AöR 37, 78 f.
[31] ProblSouvVR S. 115 Fn. 1.
[32] Merkl, Rechtskraft S. 240 - 242.
[33] In Anlehnung an Merkl, ZöffR V, 509 ff., der von einer monistischen Konstruktion ausgeht.

fahren stattet das spätere Gesetz mit Geltung aus. Ebenso derogiert

V. Zum Übergang auf den verfassungsändernden Gesetzgeber

verfahren enthaltenen Ermächtigung. Der Geltungsgrund für ein spä-das spätere Gesetz dem früheren nur kraft der im Normerzeugungs-teres Gesetz ist die höherrangige Einsetzungsnorm, jedenfalls nicht irgendeine scheinbare Selbstverständlichkeit wie der Satz von der lex posterior[34].

bb) Die Zugehörigkeit der Revisionsklausel zur Rechtsordnung

α) Die behauptete Identität von verfassunggebender und verfassungsändernder Gewalt

Wenn die Revisionsklausel der Rechtsordnung nicht angehört, kann die Geltung eines neuen Verfassungsrechtssatzes nur aus der Grundnorm abgeleitet werden.

Fleiner / Giacometti[35] bestreiten die Rechtsnatur der Revisionsklausel mit dem Argument, verfassunggebende und verfassungsändernde Gewalt seien identisch. Eine juristische Selbstverpflichtung sei aber unmöglich, da das Recht ein heteronomes Sollen bilde. Verfassungsrevisionen stellten mithin keine Rechtsakte, sondern revolutionäre Vorgänge dar.

Bei dieser Gedankenführung werden aus der weithin verbreiteten Ansicht, es gebe keine Bindung an selbstgesetzte Normen[36], Konsequenzen für die Verfassungsrevision gezogen.

Eine überzeugende Begründung für die Identität von verfassunggebender und verfassungsändernder Gewalt, die die Voraussetzung der Selbstbindung[37] bildet, wird nicht erbracht. Die normativ nicht bestimmten Mächte, die die historische Verfassung geben, sind nicht mit den Organen identisch, die von der neuen Verfassung mit Befugnissen ausgestattet werden.

Im übrigen läßt die geschilderte Lehre unberücksichtigt, daß verschiedene Funktionen von ein und demselben Organ wahrgenommen werden können. So besteht eine rechtliche Bindung des einfachen Gesetzgebers an die Normen des verfassungsändernden Gesetzgebers, auch wenn besondere Organe nicht vorhanden sind[38].

---

[34] So anscheinend die neuere Ansicht Kelsens, AllgStL S. 300, RR S. 210 im Anschluß an Merkl, Rechtskraft S. 236 ff., AöR 37, 83 ff.
[35] S. 701 ff.; Giacometti, StRK S. 446.
[36] Affolter S. 67; Hamm S. 2, 27 ff., Haug S. 36; Meyer-Arndt S. 287 Fn. 35; Nawiasky, AllgRL S. 18; Rousseau, C. S. I 7; von Seydel S. 245; Somló S. 67, 298 f. — Autonome Rechtsnormen erkennen an W. Jellinek, Grenzen S. 7; Maschke S. 28; Menzel, VA S. 153; Nef S. 117; Thoma, HdBStR I S. 198; Triepel, VRuLR S. 75.
[37] Von einer Selbstbindung des Verfassungsänderers gehen aus Curtius S. 66; W. Jellinek, Grenzen S. 4; Laux S. 4; Steiner S. 222 f.
[38] s. o. C. VI. 2. c).

Selbst wenn Identität des verfassunggebenden mit dem verfassungsändernden Organ angenommen wird, läßt dies keine Folgerungen zu. Auf die theoretische Möglichkeit, daß der historische Verfassunggeber eine Revisionsinstanz einsetzt, diese also nicht selbst über ihre Kompetenzgrundlage befindet, gehen Fleiner / Giacometti nicht ein. Die Argumente für eine Selbstbindung des verfassungsändernden Gesetzgebers durch Form- und Verfahrensvorschriften haben sich nicht als stichhaltig erwiesen.

Wenn jedoch die Revisionsklausel vom verfassungsändernden Gesetzgeber geändert wird, die verfassungsändernde Gewalt also selbst über ihre Kompetenzgrundlage befindet, sind Normgeber und Normadressat tatsächlich identisch. Die Skepsis, die die vorgetragene Auffassung einer solchen Verfassungsänderung entgegenbringt, wird noch zu würdigen sein. Solange die Revisionsklausel aber in der Fassung fortbesteht, die sie vom historischen Verfassunggeber bekommen hat, bleibt die behauptete Selbstermächtigung des Verfassungsänderers unbewiesen.

β) Angeblich keine Normen im Range
über der Verfassung

Bei einem ähnlichen normlogischen Versuch, die Rechtsnatur der Revisionsnormens zu leugnen, argumentiert Burckhardt folgendermaßen[39]: Keine Rechtsnorm könne sich selbst mit Verbindlichkeit ausstatten. Ein neuer Verfassungsrechtssatz bedürfe einer Einsetzungsnorm im Range über der Verfassung. Über der Verfassung aber bestehe nichts mehr, denn die Verfassung sei die höchste Ordnung. Darum gehöre die Revisionsklausel der Rechtsordnung nicht mehr an. Jede Verfassungsänderung sei ein revolutionärer Akt.

Diese Lehre stimmt weitgehend mit den bisher erarbeiteten Erkenntnissen überein. Sie folgt der Theorie vom Stufenbau der Rechtsordnung, nach der die Verfassung die höchste positive Rechtsnorm innerhalb des Staates ist. Wenn die Verfassungsänderung sowohl eine Rechtssetzung wie auch eine Rechtsanwendung darstellen soll, muß die Revisionsnorm gegenüber dem neu eingefügten Verfassungsrechtssatz von höherem Rang sein. Nur die höherrangige Norm kann die niederrangige mit Verbindlichkeit ausstatten. Indessen ist die Folgerung, die Revisionsklausel müsse über der Verfassung stehen, nicht zwingend. Dies Argument verliert sein Gewicht, sobald man verschiedene Normstufen innerhalb der Verfassung anerkennt[40].

Für den Fall, daß man von der Normativität der Revisionsbestimmungen ausgeht, gerät man nach Ansicht Burckhardts[41] in neue Wider-

---
[39] S. 207 ff.
[40] Nawiasky, AllgRL S. 32.
[41] S. 210.

sprüche. Für ihn ist die Unabänderlichkeit der Revisionsbestimmungen, die sich aus ihrem Rang ergeben würde, eine absurde Vorstellung. So abwegig, wie Burckhardt meint, ist aber die Unabänderlichkeit der Revisionsbestimmungen durch den Verfassungsänderer nicht. Auch das argumentum quia absurdum ist nicht stichhaltig.

Überzeugende Gründe, die Zugehörigkeit der Revisionsvorschriften zur Rechtsordnung zu leugnen, haben sich nicht ergeben.

c) Die Normstufe der Revisionsklausel

Im Vorstehenden wurde die Hierarchie der Rechtsnormen von „unten" bis zur Stufe der Verfassung entwickelt. Die Grundnorm bildet die höchste, nicht gesetzte, sondern vorausgesetzte Rechtsnorm. Die bisher ausgesparte Stufe zwischen der Grundnorm und Verfassungsnormen bildet die Revisionsnorm[42]. Von „oben" her betrachtet ergibt sich folgende Kette der Einsetzungsnormen: Die Grundnorm, die Revisionsnorm, das übrige Verfassungsrecht, Gesetzesrecht, Verordnungen und als individuelle Normen Verwaltungsakt und Urteil.

Das Verhältnis des Gesetzesrechts zur Verfassung entspricht dem Verhältnis des Verfassungsrechts zur Revisionsklausel[43], die aber selbst Bestandteil der Verfassung ist. Zum Kernbegriff der Verfassung gehört die Bestimmung des Gesetzgebungsorgans und des Gesetzgebungsverfahrens. Hinzu kommen inhaltliche Richtlinien für die Gesetzgebung[44]. Die höhere Stufe, die Revisionsklausel, bestimmt das Organ, das zu Verfassungsänderungen berufen ist, enthält Form- und Verfahrensvorschriften und kann inhaltliche Änderungsschranken errichten. Art. 79 GG stattet einen Beschluß des Bundestages und des Bundesrates mit Verfassungsrang aus, wenn die erforderlichen Mehrheiten erreicht sind, das verfassungsändernde Gesetz in die Verfassungsurkunde eingefügt wird und kein Verstoß gegen die Änderungsverbote vorliegt.

Im Gegensatz zum ursprünglichen Verfassunggeber ist der verfassungsändernde Gesetzgeber an Form-, Verfahrens- und inhaltliche Vorschriften gebunden. Seine Rechtssetzung ist nicht originär, sondern erfolgt derivativ kraft einer Kompetenzzuweisung[45].

---

[42] Wohl in Übereinstimmung mit Kelsen, RR S. 203.

[43] Alberts S. 321; Meyer-Goßner S. 66; Laux S. 93, letzterer mit Beschränkung auf Art. 79 III.

[44] s. o. C. VI. 2. a).

[45] Affolter S. 61, 74; Alberts S. 321; Bachof, Verfassungsnormen S. 35 f.; Badura, EvStL Sp. 2351; Burdeau III 172, 212; Dupraz S. 278 a, 361 a, 383 a; Elgeti S. 6 ff. Fleiner / Giacometti S. 701; Giacometti S. 45; Gutmann S. 53 ff., Hamm S. 51 f., Haug S. 155 ff.; Hauriou S. 295 f., Henke S. 42; Herzog, AllgStL S. 316 f.; Kägi, Verfassung S. 160 ff.; RStuDem S. 121 ff.; Klein, KudW III S. 485 ff.; Laux S. 27, 93; Leisner, Diss. S. 444; von Mangoldt / Klein, Vorbem. vor Abschnitt VII; Art. 79 Anm. VI 1, VI 2 b; Kriele, VVDStRL H. 29, S. 59;

Diesen Unterschied verkennt Nawiasky[46], wenn er die Grundnorm und die Revisionsklausel auf eine Stufe stellt.

Die Identität einer Verfassung bleibt gewahrt, solange bei einer Verfassungsänderung die Revisionsklausel angewendet wird. Bei einer revolutionären Verfassunggebung liegt ein Bruch in der rechtlichen Kontinuität vor[47].

d) Das Fehlerkalkül der Verfassung

Hierbei darf das in der Verfassung enthaltene Fehlerkalkül nicht übersehen werden. Es sei daran erinnert[48], daß jede Rechtsordnung fehlerhafte Normsetzungsakte tolerieren muß, sobald die Kontrollmöglichkeiten erschöpft sind. Ein fehlerhaftes Urteil wird in letzter Instanz oder schon vorher nach Ablauf der Rechtsmittelfristen rechtskräftig. Ein verfassungswidriges einfaches Gesetz muß von den Gerichten angewendet werden, wenn das Bundesverfassungsgericht einen Verstoß gegen das Grundgesetz verneint hat.

Ein verfassungsänderndes Gesetz, das gegen die in Art. 79 III GG für unantastbar erklärten Grundsätze verstößt[49], wird unaufhebbar gültig, nachdem das Bundesverfassungsgericht seine Übereinstimmung mit den unantastbaren Grundsätzen festgestellt hat.

Da dieses verfassungsändernde Gesetz seine Geltung dem in der Verfassung enthaltenen Fehlerkalkül verdankt, liegt ein Bruch der rechtlichen Kontinuität nicht vor. Anders wäre es nur, wenn nicht ein Rechtsirrtum, sondern ein Rechtsbruch vorläge.

Maunz / Dürig / Herzog (Maunz) Art. 70 Rn. 4, 5; Maunz DöV 53, 647 f.; StR S. 46 f.; Minderheitsmeinung des Ausschusses für Rechtswesen und Verfassungsrecht, VerhBT 1954, 17. Sitzung, S. 553 (D), Merkl, ZöffR V, 513; Meyer-Goßner S. 66; Rupp, NJW 71, 276; Sander, ZöffR I, 134; Scheidle S. 145, Scheuner DöV 53, 584; C. Schmitt, VerfL S. 26, 98; H. Schneider, S. 11; Steiner S. 22 f.; Vezanis S. 148 f., Weber, Diss. S. 56 — a. A. die Mehrheitsmeinung des Rechtsausschusses aaO S. 554 (A, B).

[46] AllgRL S. 33.

[47] Haug S. 156; Hauriou S. 283, Kelsen, SouvVR S. 119; Merkl, Rechtskraft S. 239; AöR 37, 87, ZöffR V, 513; Sander, ZöffR I, 154.

[48] s. o. C. VI. 2. c) bb) γ) δ).

[49] Dies trifft nach Ansicht von Dürig / Evers, Häberle, JZ 71, 145 ff., Rupp, NJW 71, 245 ff.; und der abweichenden Meinung der Richter Geller, von Schlaberndorff und Rupp, DVBl. 71, 54 ff. für Art. 10 II 2 GG zu.

V. Zum Übergang auf den verfassungsändernden Gesetzgeber 115

3. Die gebotene Unterscheidung
zwischen Verfassunggebung und Verfassungsänderung

Oft wird das Wesen der Verfassunggebung im Gegensatz zur Verfassungsänderung gerade im Rechtsbruch[51] erblickt. Originäre Verfassunggebungen sind jedoch auch denkbar, wenn vorher keine Verfassung bestanden hat, die gebrochen werden müßte[52]. Es wird vorgeschlagen, eine originäre Verfassungsrechtssetzung als Verfassunggebung, eine derivative als Verfassungsänderung zu bezeichnen.

Der aufgezeigte Unterschied zwischen Verfassunggebung und Verfassungsänderung gebietet es, verfassunggebende und verfassungsändernde Gewalt scharf voneinander zu trennen. Wegen der Verschiedenartigkeit beider Funktionen ist es nicht möglich, von einem Übergang der verfassunggebenden Gewalt auf den Verfassungsänderer zu sprechen.

Die verfassunggebende Gewalt geht mit dem Abschluß der Verfassunggebung unter.

4. Die Geltung der Verfassung nach dem
Untergang des Verfassunggebers

Die verfassunggebende Gewalt aktualisiert sich nur im historischen Akt der Verfassunggebung. Über einer geltenden Verfassung besteht keine verfassunggebende Gewalt[53].

Eine Rechtsnorm kann weitergelten, wenn die Organe, die sie einst gesetzt haben, längst verschwunden sind[54]. Zur Geltung einer Norm gehört es gerade, daß der natürliche Willensakt, durch den sie gesetzt wurde, zu existieren aufgehört hat[55]. Es müssen freilich immer Menschen da sein, die der Rechtsnorm Wirksamkeit verleihen.

---

[51] Badura, EvStL Sp. 2347; Curtius, S. 5, 37; Dupraz S. 384 a passim; Elgeti S. 5; Giese, VerfDR S. 3 bezogen auf die Weimarer Verfassung; Götz, NJW 58, 1021; Gutmann S. 54, 56; Hamm S. 34 f.; Haug S. 157; Hauriou S. 281; Kahl S. 82 f.; Kelsen, RR S. 203; AllgStL S. 128, 249; Leisner, Diss. S. 451 f.; Maunz, DöV 53, 645 ff., Merkl, ZöffR V, 499; Preuß DJZ 24, 651; C. Schmitt, PolTh S. 34; Somló S. 309, Steiner S. 225; Stier-Somlo S. 50 bezogen auf die Weimarer Verfassung; Vezanis S. 149; Weber S. 63 — a. A. Burdeau III S. 218; Heller, StL S. 264; C. Schmitt, VerfL S. 92; für die fortdauernde Volkssouveränität rechtliche Kontinuität herstellt. Für C. Schmitt ist nur die Beseitigung des Subjektes der verfassunggebenden Gewalt revolutionär.

[52] s. o. A. II.

[53] Anscheinend Burckhardt S. 214; Götz, NJW 58, 1022; Hildesheimer S. 41 unter Berufung auf Portalis; Kriele, VVDStRL H. 29 S. 59; anscheinend Laux S. 60; Leisner, Diss. S. 442, 451; Meyer-Goßner S. 63, 66.

[54] Coing S. 239.

[55] Kelsen, RR S. 7, 10 passim.

H. Das Rechtsschicksal des Verfassunggebers

Mit der Leugnung einer ständig vorhandenen, nicht normierten und nicht normierbaren verfassunggebenden Gewalt wird das Unterworfensein der Bürger eines Staates nur unter das Recht bejaht. Man hat Gesetzen, nicht Menschen zu gehorchen[56].

---

[56] Die Urheberschaft dieser Alternative schreibt Menger S. 51 Cusanus zu. Zur Geschichte auch Jesch S. 27 f., der zu Unrecht die Herrschaft der Gesetze mit der des demokratischen Gesetzgebers gleichsetzt. Dieser bedarf ebenfalls einer normativen Beschränkung, dazu Kägi, RSTuDem S. 110, 141; Verfassung S. 182. Grundlegend Krabbe S. 193: „... die Lehre von der Rechtssouveränität weigert sich, ... eine andere Gewalt anzuerkennen als die aus dem Recht hervorgegangene." Kelsen, AllgStL S. 99; ProblSouvVR S. 22; Leisner, Diss. S. 439 f., 442.

I. Folgerungen auf die Unabänderbarkeit der Revisionsnorm

1. Verschiedene Rangstufen innerhalb der Verfassung

Aus dem Stufenbau der Rechtsordnung lassen sich nunmehr Schlüsse auf die Änderbarkeit der Revisionsnorm der Verfassung ziehen. Die Revisionsnorm ist gegenüber dem neu zu setzenden Verfassungsrechtssatz, für den sie die Einsetzungsnorm bildet, die höherrangige Norm[1]. Dies gilt nur für später eingefügte verfassungsändernde Vorschriften. Die Normen des ursprünglichen Verfassunggebers sind gleichermaßen auf die Grundnorm zurückzuführen.

Die Rechtsprechung und die Literatur behandeln das Problem, ob in der Verfassung verschiedene Rangstufen unterschieden werden können, oft nur im Hinblick auf inhaltliche Änderungsverbote. Nach der überwiegenden Ansicht müssen Vorschriften des Grundgesetzes in der Fassung vom 23. 5. 1949, die inhaltlich von Art. 79 III GG abweichen, als Spezialgesetze angesehen werden[2], während spätere verfassungsändernde Gesetze, die gegen Art. 79 III GG verstoßen, durch das Bundesverfassungsgericht aufhebbar sind[3].

Obwohl ausdrücklich nur vom höheren Rang der inhaltlichen Änderungsverbote die Rede ist[4], dürfte die herrschende Meinung mit der hier vertretenen Auffassung die verfassungsgerichtliche Vernichtbarkeit von Verfassungsänderungen bejahen, die unter Verstoß gegen die Form- und Verfahrensvorschriften der Revisionsklausel zustande gekommen sind.

Die Bestimmung des Organs, des Verfahrens und der Form der Verfassungsänderung ist ebenso wie die materiellen Änderungsverbote gegenüber den Normen, die bei Anwendung der Revisionsklausel erzeugt werden sollen, höheren Ranges.

---

[1] Giacometti S. 446; Merkl, ZöffR V 513, 522; Rechtskraft S. 256 f.; Nawiasky, AllgRL S. 32; Sander ZöffR I S. 149.

[2] BVerfGE 3, 231; Bachof, Verfassungsnormen S. 38; Rupp NJW 71, 275.

[3] Das BVerfG (E 30, 1 ff., 24 ff.) geht davon aus.

[4] BVerfGE 1, 32; Bachof, Verfassungsnormen S. 8 passim; Curtius S. 90; Henke S. 37; Kägi, Volksinitiative S. 813 a; Krüger, NJW 50, 163; Laux S. 5 f., 68; von Mangoldt / Klein, Art. 79 Anm. VI 2, b. ee.; Menzel, KudW I, 304; Nawiasky, Grundgedanken S. 122; Nef S. 120, Rupp, NJW 71, 275 f. — Gegen verschiedene Rangstufen Maschke S. 34 ff.

I. Folgerungen auf die Unabänderbarkeit der Revisionsnormen

II. Keine Einsetzungsnorm für eine Änderung der Revisionsklausel

Nur eine höherrangige Norm kann eine niederrangige mit Verbindlichkeit ausstatten. Ein Rechtserzeugungsakt, der die Revisionsklausel ändert, bedarf einer Einsetzungsnorm im Range über der Revisionsklausel.

Ein und dasselbe Organ kann allerdings Normen verschiedenen Ranges setzen. Es wäre denkbar, daß der verfassungsändernde Gesetzgeber Normen im Range über der Revisionsklausel setzt. Hierzu ist auf frühere Ausführungen zurückzugreifen. Wie sich ergeben hat, ist das Organ der Gesetzgebung als Minimum dessen anzusehen, was in der Verfassungsurkunde bestimmt werden muß[5]. Um die einfache Gesetzgebung von der verfassungsändernden unterscheiden zu können, muß für letztere ein besonderes Verfahren geschaffen werden, und zwar ein erschwertes, um eine Bindung der ersteren herbeizuführen. Ebenso müßte ein gegenüber der sonstigen Verfassungsänderung erschwertes Verfahren verfassungsrechtlich normiert sein, um die Änderbarkeit der Revisionsklausel zu begründen. Eine solche Norm ist zwar theoretisch denkbar, aber weder im Grundgesetz noch in einer anderen deutschen Verfassung vorhanden. Es wäre unrichtig zu sagen, der verfassungsändernde Gesetzgeber sei an die Revisionsklausel gebunden und von dieser ermächtigt, wenn er sie ändern wolle. Eine Stufe tiefer lautete der entsprechende Irrtum, der einfache Gesetzgeber habe das einfache Gesetzgebungsverfahren zu wahren, um seine eigene Kompetenzgrundlage zu erweitern oder sonst zu ändern.

Subjekt, Form und Verfahren der Verfassungsänderung sind durch Normen, die durch die Revisionsklausel erst erzeugt werden und im Range unter ihr stehen, nicht angreifbar.

Deswegen kann der Ansicht Merkls[6], durch Verfassungsänderung sei ein Übergang von der Fürstensouveränität zur Volkssouveränität möglich, nicht gefolgt werden. Mit einer solchen Verfassungsänderung wäre eine unzulässige Änderung des Subjektes der Verfassungsänderung verbunden.

Kelsen äußert sich nicht ausdrücklich zur Änderbarkeit der Revisionsnormen. Die von ihm behauptete Unabänderbarkeit der Grundnorm ist selbstverständlich, denn nur gesetztes Recht ist einer Änderung im Gesetzgebungsverfahren zugänglich[7]. Wenn generelle Normen vom Parlament statt bisher vom Monarchen gesetzt werden, muß nach

---

[5] s. o. C. VI. 2. d), C. VIII. 3.
[6] ZöffR V, 517.
[7] AllgStL S. 252.

Kelsen eine andere Grundnorm vorausgesetzt werden[8]. Dies soll aber nur nach einem revolutionären Verfassungsbruch der Fall sein. Zur Frage, ob eine derivative Änderung der Revisionsklausel zulässig ist, mit der die Befugnis zur Verfassungsänderung vom Monarchen auf das Parlament übertragen wird, nimmt Kelsen nicht Stellung. Das oben entwickelte Ergebnis beruht jedoch im wesentlichen auf dem von ihm mit besonderer Schärfe durchdachten Stufenbau der Rechtsordnung, insbesondere auf dem Grundprinzip, nach dem das rechtssetzende Organ in der höherrangigen Ordnung bestimmt werden muß.

III. Regelungsmöglichkeiten des positiven Rechts

Das positive Recht kann unterschiedliche Regelungen über die Änderbarkeit der Revisionsnorm enthalten. Ausdrücklich erklärt Art. 129 III der Verfassung für Rheinland-Pfalz die Revisionsbestimmungen für unabänderlich[9].

Auch eine gegenteilige Regelung ist denkbar, nach der die Revisionsklausel im Verfahren der Verfassungsänderung ohne besondere, weitere Erschwerungen abgeändert werden kann. Hier soll das verfassungsändernde Organ über seine eigene Kompetenzgrundlage befinden können. Analog verhält es sich mit einer Regelung, die dem einfachen Gesetzgeber gestattet, über seine eigene Rechtsstellung zu entscheiden. Die Widersprüche, die sich daraus ergeben, wurden bereits aufgezeigt[10]. Ebenso ist eine derivative Verfassungsänderung, die die Revisionsklausel zum Gegenstand hat, ungeachtet der positiv-rechtlichen Regelung nicht möglich, weil eine gleichrangige Norm keine Einsetzungsnorm sein kann.

Wenn in einer Verfassung eine Revisionsklausel, also eine Einsetzungsnorm für den verfassungsändernden Rechtssatz, fehlt, ist die Verfassung unabänderlich[11].

IV. Ergebnis: Bindung des verfassungsändernden Gesetzgebers an den Willen des historischen Verfassunggebers

Die Revisionsklausel enthält den objektivierten Willen des historischen Verfassunggebers. Sie steht nicht zur Disposition des verfassungändernden Gesetzgebers. Die Bestimmung des verfassungändernden

---

[8] RR S. 214.
[9] Menzel, VÄ S. 192 „... Überspitzung...".
[10] s. o. C. VI. 2. d).
[11] Kelsen, ProblSouvVR S. 49 f., AllgStL S. 148 f.; grundlegend Merkl, Rechtskraft S. 257; AöR 37, 87; ZöffR V, 513; anders zur Charte constitutionelle Ludwigs XVIII von 1814 G. Jellinek, AllgStL S. 257: einfache Gesetzgebung; Hauriou S. 279: Zusammenwirken des Königs mit den Repräsentanten des Volkes.

I. Folgerungen auf die Unabänderbarkeit der Revisionsnormen

Organs, die Form- und Verfahrensvorschriften und die inhaltlichen Schranken stellen eine Bindung an die Normen des historischen Verfassunggebers dar[12].

V. Erfolgte Änderungen der Revisionsklausel

Die Änderungen der Revisionsklausel, die nach dem Inkrafttreten des Grundgesetzes beschlossen wurden, sind durch das Bundesverfassungsgericht aufhebbar. Dies gilt für Art. 79 I 2 GG. Art. 20 IV GG nimmt nicht an der Unabänderlichkeit der Grundsätze des Art. 20 GG teil, die Art. 79 III GG einer Änderung entzieht.

Dieses Ergebnis wurde allein damit begründet, daß es dem verfassungsändernden Gesetzgeber an der Kompetenz fehlt, auf die Änderbarkeit des Grundgesetzes einzuwirken.

---

[12] Grundlegend Dupraz S. 270 a, 328 a, 384 a passim; Fromme S. 112 hält diese Bindung für gegeben, aber fragwürdig; Hamm S. 56 f. nur zu den inhaltlichen Schranken; Kägi, Verfassung S. 76; Kelsen, RR S. 203 f., 242; Klein, KudW II S. 477, III S. 588, 590; Laux S. 4, Maunz, DöV 53, 648; Minderheitsmeinung des Auschusses für Rechtswesen und Verfassungsrecht, VerhBT 1954, 17. Sitzung, S. 553 (D), 554 (A); Portalis, zit. bei Hildesheimer S. 41; Schmid, VerhBT aaO S. 573 (B), (C); Steiner S. 203 zur Ideengeschichte; Weber S. 56 ff. nur zu den inhaltlichen Schranken.

J. Die Erstreckung der Unabänderlichkeit der Revisionsklausel auf niederrangige Normen

I. Die notwendige Eingrenzung

Die Revisionsklausel des Grundgesetzes nimmt auf andere Artikel des Grundgesetzes Bezug. Diese wiederum enthalten Verweisungen auf einfaches Gesetzesrecht. Wenn diese Vorschriften insgesamt an der Unabänderlichkeit der Revisionsklausel teilhätten, käme es zu überraschenden Konsequenzen. Jede Vorschrift des Bundeswahlgesetzes, das ja für die Zusammensetzung des Bundestages als eines der verfassunggebenden Subjekte von erheblicher Bedeutung ist, wäre ein für allemal einer Änderung entzogen. Diese absurde Folgerung ist für Leisner[1] Grund genug, die Verfügungsbefugnis des verfassungsändernden Gesetzgebers über die Revisionsnorm zu bejahen.

Wenn die Unabänderlichkeit der Revisionsklausel nicht zu einer uferlosen Erstreckung führen soll, muß eine Begrenzung auf die in ihr enthaltenen Grundsätze und die konkretisierenden Vorschriften stattfinden, die zu ihrer inhaltlichen Ausführung unerläßlich sind. Das Verhältnis eines Grundsatzes zu Einzelregelungen ist schon ausführlich behandelt worden[2]. Die entsprechende Aufgabe zur Begrenzung hatte sich ergeben, als dargelegt wurde, daß die gesetzgebende Gewalt einen notwendigen Inhalt der Verfassungsurkunde bildet. Nicht alle Normen, die auf die Gesetzgebung Bezug haben, können in der Verfassung enthalten sein. Weil die Verfassungsänderung eine Art der Gesetzgebung darstellt, kann auf diese Ausführungen verwiesen werden. Den Erschwerungen durch die Verfassungsform bei der Regelung der einfachen Gesetzgebung entspricht die Unabänderlichkeit der Revisionsklausel bei der Regelung der verfassungsändernden Gesetzgebung. Bei dem Versuch einer genauen Eingrenzung der Vorschriften, die zur Konkretisierung der Revisionsnormen wesensnotwendig sind, muß eine gewisse Unsicherheit zugestanden werden. Diese besteht jedoch auch dort, wo eine Erstreckung auf konkretisierende Einzelvorschriften anerkanntermaßen geboten ist, nämlich bei Art. 79 III[3].

---

[1] Diss. S. 374.
[2] s. o. C. VI. 1. b).
[3] s. o. C. VI. 1. b) bb).

II. Die Unantastbarkeit des Bundestages

Unzulässig ist eine Änderung des Grundgesetzes, durch die der Bundestag beseitigt wird, weil er eines der verfassungsändernden Organe ist.

Mit der Bestandsgarantie des Bundestages aber ist wenig gewonnen, wenn etwa eine Verfassungsänderung für zulässig erklärt würde, nach der seine Mitglieder durch die Bundesregierung zu ernennen sind. Ein solches Organ wäre nicht mit dem Bundestag des III. Abschnittes des Grundgesetzes identisch, auf den Art. 79 GG Bezug nimmt. Die Art. 38 bis 49 GG nehmen an der Garantie des Bundestages teil, soweit sie zur Wahrung der Identität des Bundestages als verfassungsänderndes Organ erforderlich sind. Hierbei können ohne weiteres die Art. 40, 41 GG ausgeschieden werden.

Unantastbar ist die allgemeine, unmittelbare, freie, gleiche und geheime Wahl, Art. 38 I 1 GG. Eine freie Wahl setzt einen freien Willensbildungsprozeß voraus, der ohne demokratische Grundrechte nicht möglich ist. Eine offene Wahl, die Smend[4] und C. Schmitt[5] fordern, ist keine freie Wahl. Das gesetzgebende Organ ist nur solange der Bundestag im Sinne des Grundgesetzes, als er aus Wahlen hervorgegangen ist, die diesen Anforderungen entsprechen.

Nicht mehr mit dem Bundestag vergleichbar ist ein Rätesystem nach dem Vorbild der Volksdemokratien. Die repräsentative Form der Gesetzgebung, Art. 38 I 2 GG, zu dem die Weisungsfreiheit der Abgeordneten von den Wählern und selbstverständlich auch den politischen Parteien gehört, darf nicht angetastet werden. Hier droht dem demokratischen Willensbildungsprozeß, den das Grundgesetz geregelt hat, von seiten mächtiger Strömungen in einigen politischen Parteien eine schwere Gefahr. Es ist Zeit, sich darauf zu besinnen, daß Art. 21 GG von der Mitwirkung der Parteien bei der Willensbildung des Volkes spricht und ihnen kein Monopol einräumt.

Eine bestimmte Dauer der Wahlperiode, Art. 39 I 1 GG, gehört nicht zum Begriff des Bundestages im Sinne des Art. 79 II GG, wohl aber der Grundsatz periodisch wiederkehrender Wahlen. Für die Wahlen sind die grundsätzliche Öffentlichkeit der Sitzungen, Art. 42 I GG, und die freie Berichterstattung, Art. 42 III GG, unabdingbare Voraussetzngen, da ohne die erforderlichen Informationen keine Willensbildung möglich ist.

Überzeugende Gründe, die Indemnität und Immunität der Abgeordneten, Art. 46 GG, mit in die unantastbaren Wesensmerkmale des Bundestages einzubeziehen, können nicht vorgetragen werden.

---
[4] S. 37.
[5] VerfL S. 245.

III. Die Unantastbarkeit des Bundesrates

Neben dem Bundestag ist der Bundesrat zur verfassungsändernden Gesetzgebung berufen. Als eines der verfassungsändernden Organe ist er dem Zugriff der verfassungsändernden Gesetzgebung entzogen. Diese Konsequenz aus der Unabänderlichkeit der Revisionsklausel erscheint besonders bedeutsam.

Der Begriff „Bundesrat" in Art. 79 II verweist auf den IV. Abschnitt des Grundgesetzes. Ein Bundesrat setzt die Gliederung des Bundes in Länder voraus. Die Identität des Bundesrates wird aufgehoben, sobald er nicht mehr als Vertretung der Länder angesehen werden kann. Dazu gehört die einheitliche Stimmabgabe und die Weisungsgebundenheit seiner Mitglieder.

Die übrigen Vorschriften können geändert werden. Die beschriebene Erstreckung der Unabänderlichkeit gilt nur für seine Tätigkeit als verfassungsändernder Gesetzgeber. Dazu gehört nicht seine Tätigkeit als einfacher Gesetzgeber, seine Verwaltungstätigkeit und seine sonstigen Aufgaben.

IV. Die Unantastbarkeit des Gesetzgebungsverfahrens

Verwiesen wird in Art. 79 GG auf das Gesetzgebungsverfahren.

Das Initiativrecht des Bundestages und des Bundesrates bei verfassungsändernden Gesetzesvorschlägen nimmt an der Unabänderlichkeit der Revisionsklausel teil, weil es sich mit der Stellung der verfassungsändernden Organe nicht vertrüge, nur fremden Vorschlägen zustimmen zu können. Dies gilt freilich nicht für das Initiativrecht der Bundesregierung.

Überzeugende Gründe, die Einzelheiten des Gesetzgebungsverfahrens die in Art. 76 II, III, 77 I 2, II, III, 82 mit in die Unabänderlichkeit der Revisionsklausel einzubeziehen, gibt es nicht. Die Essentialien des Gesetzgebungsverfahrens bei der Verfassungsänderung werden nicht berührt, wenn beispielsweise der Bundesrat innerhalb von drei statt zwei Wochen, Art. 76 II 1 n. F. und a. F., nach Eingang des Gesetzesbeschlusses die Einberufung des Vermittlungsausschusses verlangen kann.

Von der Unabänderlichkeit der Revisionsklausel lassen sich keine Schlüsse auf die Sicherung des einfachen Gesetzgebungsverfahrens vor Verfassungsänderungen ziehen. Das einfache Gesetzgebungsverfahren kann anders gestaltet werden als das verfassungsändernde. Art. 77 IV und die in Art. 78 GG der Zustimmung des Bundesrates folgenden Alternativen haben nur auf die einfache Gesetzgebung Bezug.

K. Die Erstreckung der materiellen Schranken auf die Form- und Verfahrensvorschriften der Revisionsklausel

Die im Vorstehenden entwickelten Folgerungen zeigen die Eigenständigkeit der Normlogik zur Lösung staatsrechtlicher Probleme auf. Die gefolgerte Unabänderlichkeit der Form- und Verfahrensvorschriften des Art. 79 I 1, II erfährt jedoch eine zusätzliche Absicherung, wenn sich die Unabänderlichkeit dieser Vorschriften aus einer Erstreckung der ausdrücklichen Schranken der Verfassungsänderung ergibt. Dabei wird sich die inhaltliche Berechtigung des gewonnenen Ergebnisses herausstellen.

I. Die Auslegungsweise des Art. 79 III GG

Das Bundesverfassungsgericht[1] und einige Autoren[2] sehen die Änderungsverbote des Art. 79 III GG als Ausnahmen an, die restriktiv ausgelegt werden müßten. Bei dieser Auffassung ist eine Erstreckung des Art. 79 III auf die Abs. 1 und 2 abzulehnen. Grundprinzip ist nach dieser Ansicht die Volkssouveränität, die durch die Änderungsverbote des Art. 79 III GG Ausnahmen erleide. Wenn jedoch eine Volkssouveränität nicht anerkannt wird, kann auch dieser Konsequenz aus der Volkssouveränitätslehre nicht gefolgt werden.

Die Autoren[3], nach deren Ansicht Art. 79 III GG den unabänderlichen Verfassungskern nur deklaratorisch umschreibt, halten Unabänderlichkeiten außerhalb der ausdrücklichen Schranken für möglich. Doch sind die Methoden, mit denen sie einen Verfassungskern herausschälen wollen, unklar, so daß ihre Argumente hier nicht verwertet werden können. Es ließe sich gleichermaßen behaupten, die Form- und Verfahrensvorschriften gehörten zum Verfassungskern[4] oder sie gehörten nicht dazu[5].

---

[1] DVBl. 71, 52; ebenso die abweichende Meinung aaO S. 56.

[2] Herzog AllgStL S. 319; Maunz / Dürig / Herzog (Maunz) Art. 79 Rn. 6; (Maunz / Dürig) Art. 79 Rn. 31; Kölble S. 6; Menzel, BK Nachtrag Art. 79 I Anm. 7; Seuffert.

[3] Badura, EvStL Sp. 2352; Ehmke, Grenzen S. 99; Häberle, JZ 71, 150; Hauriou S. 297 allgemein zu Unabänderlichkeitsklauseln; Henke S. 140; Hesse, Grundzüge S. 273.

[4] Ehmke, AöR 79, 397; Schmid, VerhBT 1954, 17. Sitzung S. 574 (D), 575 (A), beide auf Art. 79 I 1 GG bezogen.

[5] Henke S. 140; Laux S. 117.

Nach der Normstufenlehre wird mit der Änderungsklausel die Änderbarkeit der Verfassung konstitutiv begründet[6]. Die Änderbarkeit wird also nicht vorausgesetzt. Wird diese jedoch durch eine Rechtsnorm ermöglicht, so müssen Ausnahmen ausdrücklich positiviert werden[7]. Damit liegt die Anwendung des allgemein anerkannten Auslegungsgrundsatzes nahe, nach dem Ausnahmen eng auszulegen sind. Die Unabänderlichkeiten des Art. 79 III könnten sich daher nicht oder nur im geringen Umfange auf Art. 79 I 1, II beziehen. Nun ist aber das Verhältnis der in Art. 1 und 20 enthaltenen Grundsätze zu den sie konkretisierenden Vorschriften bereits erarbeitet worden. Wenn ein Grundsatz, der erst im Zusammenhang mit zahlreichen weiteren Vorschriften einen klaren Inhalt erhält, für unabänderlich erklärt wird, so geht es nicht an, ihn von den konkretisierenden Vorschriften zu lösen.

Aus der Systematik des Gesetzes ergibt sich, daß in einem solchen Falle abweichend von der genannten Auslegungsregel nicht nur das Leitprinzip für unabänderlich erklärt wird, sondern auch die Vorschriften, die zur inhaltlichen Ausfüllung unerläßlich sind[8]. Eine restriktive Auslegung der in Art. 79 III GG niedergelegten Unantastbarkeiten ist nicht geboten.

II. Die Bestandsgarantie des Art. 79 I 1 GG

1. Übersichtlichkeit der Verfassung

Das Problem der Bestandsgarantie des Art. 79 I 1 GG kann nur unter einigen Aspekten beleuchtet werden. Gegen die Zulässigkeit des Art. 79 I 2 GG wird mit dem Grundsatz der Verfassungsklarheit[9], der Öffentlichkeit und Einsehbarkeit des staatlichen Lebens[10], dem materialen Wertprinzip des Art. 79 I 1 GG[11] und der internen formalen Richtigkeit der Verfassung[12] argumentiert. Diese Stellungnahmen sehen einen subjektiven Idealbegriff der Verfassung als geltendes Recht an und sind deshalb nicht überzeugend. Ebenso könnte man sich auf den Standpunkt stellen, es schade der Übersichtlichkeit der Verfassung,

---

[6] s. o. I. IV.

[7] Wohl im Ergebnis ebenso Merkl, AöR 37, 84. Mit anderer Begründung sehen Art. 79 III als konstitutiv an Elgeti S. 13 und wohl auch die Autoren, die Art. 79 III für eine Ausnahmevorschrift halten. Ehmke, Grenzen S. 100, Häberle JZ 71, 150, Hesse, Grundzüge S. 273 halten nur die Föderativklausel für konstitutiv.

[8] So auch Maunz / Dürig / Herzog (Maunz / Dürig) Art. 79 Rn. 47. Unklar ist das Verhältnis zu Rn. 6, 31.

[9] Ehmke, DöV 54, 452.

[10] Ehmke, AöR 79, 396; Hesse, Grundzüge S. 271.

[11] Arndt, KudW III S. 452.

[12] Haug S. 201.

wenn alle Geltungsbeschränkungen in den Verfassungstext aufgenommen würden[13].

Stillschweigende Verfassungsänderungen haben in der Weimarer Zeit die Achtung vor der Verfassung untergraben. Die verfassungspolitische Gefährlichkeit[14] von Verfassungsänderungen, die nicht im Verfassungstext erscheinen, genügt allein nicht, um ihre Unzulässigkeit zu begründen. Es fehlt an einem positivrechtlichen Verbot[15]. Die Unabänderbarkeit des Art. 79 I 1 GG kann sich außer aus normlogischen Gründen nur aus den in Art. 79 III GG genannten ausdrücklichen Schranken ergeben.

Art. 79 I 1 wurde zum Schutze des Grundgesetzes geschaffen. Doch auch der Gedanke, daß der verfassungsändernde Gesetzgeber Normen nicht abschaffen dürfe, die die Verfassung vor seinem Zugriff schützen sollten[16], ist nicht aus Art. 79 III GG ableitbar und darum nicht für eine Bestandsgarantie des Art. 79 I 1 GG zwingend.

2. Die Vereinbarkeit des Art. 79 I 2 GG mit dem Gewaltenteilungsgrundsatz

Einige in der Literatur vorgetragene Argumente lassen sich mit dem Grundsatz des Art. 20 II 2 GG in Verbindung bringen, nach dem für Gesetzgebung, vollziehende Gewalt und Rechtsprechung besondere Organe bestehen müssen. Hier kann an die Lehre C. Schmitts zur Weimarer Verfassung angeknüpft werden. Er hält Verfassungsänderungen, die nicht im Verfassungstext verlautbart werden, für Maßnahmen, nicht für rechtsstaatliche, allgemeine Gesetze[17].

Nach dem Grundgesetz sind Akte der Legislative, die in den Kernbereich der Justiz oder der Verwaltung eingreifen, unstatthaft. Dies trifft jedoch keinesfalls bei jedem Einzelfallgesetz zu. Da das Grundgesetz durchaus Einzelfallgesetze kennt, etwa nach Art. 14 III 2 Alt. 2, Art. 59 II 1, kann mit dem Mangel der Allgemeinheit nicht die Unzulässigkeit des Gesetzes begründet werden. Eine Gelegenheitsgesetzgebung wie die nach Art. 142 a GG, zu der Art. 79 I 2 GG ermächtigte, verstößt nicht gegen den in Art. 20 II 2 GG enthaltenen Grundsatz[18].

Eine Begründung für den Maßnahmecharakter der stillschweigend verfassungsändernden Gesetze gibt C. Schmitt jedoch gar nicht an.

---

[13] Menzel, BK, Nachtrag Art. 79 Anm. II 6; Meyer-Arndt S. 283.
[14] Curtius, Diss. S. 7; Jeselsohn S. 24, 35.
[15] Anschütz, VerfDR Art. 76 Anm. 2, Fn. 1; Dohna S. 36; Jacobi S. 259 f.; G. Jellinek, VÄ S. 6; Laband, StRDR II S. 39; Maschke S. 28; Meyer / Anschütz S. 662, 689 f.; Thoma, HdBDStR II S. 155 f.; Triepel, 33. DJT S. 47 ff.
[16] Loewenstein, DöV 54, 387.
[17] VerfL S. 107.
[18] Menzel, BK, Nachtrag Art. 79 Abs. 1 Anm. 8.

II. Die Bestandsgarantie des Art. 79 I 1 GG

Eine Ausnahmeregelung, die von einem Verfassungsrechtssatz abweicht, kann durchaus allgemein sein. So bildet Art. 79 II GG insofern eine Ausnahme oder eine Durchbrechung der Regeln der Art. 42 II 1, 52 III 1, als er zwei Drittel Mehrheiten erfordert. Art. 79 II kann schwerlich als Maßnahme bezeichnet werden[19]. Schließlich hat der Maßnahmecharakter eines Gesetzes nichts mit seiner verfassungsurkundlichen Verlautbarung zu tun[20].

Die Besonderheiten der Entstehungsgeschichte der Art. 79 I 2, 142 a mögen hier außer Betracht bleiben. Damals sollte einem schwebenden Prozeß vor dem Bundesverfassungsgericht der Boden entzogen werden[21]. Unabhängig davon meint Hesse[22], der Gesetzgeber könne sich die Verfassungsmäßigkeit der Vertragsgesetze nach Art. 79 I 2 GG nicht selbst bestätigen und auf diese Weise in die Kompetenzen des Bundesverfassungsgerichts eingreifen. Bei der in Art. 79 I 2 GG erwähnten „Klarstellung" geht es jedoch in Wirklichkeit um eine Verfassungsänderung, die im Hinblick auf ein bestimmtes Vertragsgesetz erforderlich geworden ist. Wenn ein einfaches Gesetz beschlossen werden soll, das mit dem Grundgesetz nicht in Einklang steht, so ist eine vorhergehende oder gleichzeitige Verfassungsänderung möglich, die eine verfassungskonforme Gesetzgebung eröffnet. Es wird dabei nicht in die Entscheidungsbefugnis des Bundesverfassungsgerichts eingegriffen. Das Grundgesetz bekommt einen anderen Inhalt, mit dem sich das einfache Gesetz vereinbaren läßt. Eine Normenkontrollklage wird dadurch unbegründet, aber nicht unzulässig.

Mit dem Gewaltenteilungsgrundsatz läßt sich die Bestandsgarantie der Ausdrücklichkeit bei Verfassungsänderungen nicht begründen.

3. Verstoß gegen die Bindung des Gesetzgebers an die verfassungsmäßige Ordnung

In der Diskussion um die Zulässigkeit des Art. 79 I 2 GG hat der Grundsatz der Bindung des einfachen Gesetzgebers an die verfassungsmäßige Ordnung nach Art. 20 III ein Schattendasein geführt. Art. 79 I 2 verstößt gegen Art. 79 III i. V. m. Art. 20 III, wenn er zu verfassungsändernden Gesetzen ermächtigt, die diese Bindung aufheben.

Die sogenannte Klarstellungsklausel nach Art des Art. 142 a enthielt eine urkundliche Verfassungsänderung. Es wird daher die Ansicht vertreten, Art. 79 I 2 enthalte gegenüber Art. 79 I 1 nichts Neues. Vor

---

[19] Loewenstein, ErschfVÄ S. 245 f. zur Weimarer Verfassung.
[20] Bilfinger S. 180.
[21] Dazu Menzel, BK, Nachtrag zur Art. 79 Abs. 1, Anm. 1.
[22] Grundzüge S. 271.

allem wird auf die an zahlreichen Stellen des Grundgesetzes enthaltenen Gesetzesvorbehalte und Verweisungen auf einfache Gesetze hingewiesen[23]. Dabei bleibt jedoch unberücksichtigt, daß der bei einem Grundrechtsartikel angefügte Gesetzesvorbehalt sich nur auf die Einschränkbarkeit dieses Grundrechtes bezieht[24]. Keine Verweisung darf an dem, was im Grundgesetz selbst geregelt ist, etwas ändern[25].

Demgegenüber befreite Art. 142 a, für den Art. 79 I 2 die Ermächtigungsgrundlage bildete, den einfachen Gesetzgeber pauschal von der Bindung an das Grundgesetz. Die „Klarstellungsklausel" verletzt ebenso wie ihre Ermächtigungsgrundlage den Grundsatz der Bindung des einfachen Gesetzgebers an die verfassungsmäßige Ordnung[26].

Art. 79 I 2 GG verstößt gegen Art. 79 III i. V. m. Art. 20 III GG.

4. Die Bedeutung der Föderativklausel

Die Föderativklausel des Art. 79 III GG gewährleistet eine Voraussetzung der Ausdrücklichkeit, die Schriftform. Die Gliederung des Bundes in Länder ist ohne eine in der Verfassungsurkunde niedergelegte Kompetenzabgrenzung nicht möglich[27].

III. Die Bestandsgarantie des Verfahrens und der Organe der verfassungsändernden Gesetzgebung

1. Verfahren

Die Unabänderlichkeit der Bindung aller Staatsorgane an die verfassungsmäßige Ordnung nach Art. 79 III GG i. V. m. Art. 20 III GG könnte die Bestandsgarantie des Gesetzgebungsverfahrens zur Verfassungsänderung zur Folge haben.

Das Grundgesetz hat für Verfassungsänderungen das Monopol der Gesetzgebung geschaffen[28]. Verfassungsänderungen im Wege des Gewohnheitsrechts und der Verfassungswandlung im Sinne Smends sind dadurch ausgeschlossen[29]. Eine Änderung des Verfassungsrechtes gegen die geschriebene Verfassung durch die führenden Staatsorgane steht nicht in rechtlicher Kontinuität mit dem Grundgesetz.

---
[23] Meyer-Arndt S. 280 ff.
[24] BVerfGE 13, 296; Hamel, NJW 66, 18 mwN; — a. A. HessStGH NJW 66, 31.
[25] s. o. H. V. 1. c).
[26] Hesse, Grundzüge S. 81.
[27] Arndt, KudW I S. 12; Kaufmann, KudW II S. 787; Krüger, DöV 61, 721; Loewenstein, TVerfÄ S. 35; Zweig S. 238 f.
[28] Loewenstein, ErschfVÄ S. 106 zur Weimarer Verfassung.
[29] von Mangoldt / Klein, Art. 79 Anm. III 2.

III. Die Bestandsgarantie der Gesetzgebung

Aus Art. 79 III i. V. m. 20 III GG ergibt sich, daß die Gesetzgebung als einziges Verfahren zur Verfassungsänderung nicht angetastet werden darf.

2. Der Bundestag

Für eines der Subjekte der Verfassungsänderung ist der unantastbare Demokratiegrundsatz von Bedeutung. Historisch diente das in den Änderungsklauseln vorgesehene Gesetzgebungsverfahren dazu, die Mitwirkung der Volksvertretung zu sichern[30]. Der Bundestag ist als eines der verfassungsändernden Organe in Art. 79 II ausdrücklich genannt.

Nach Art. 20 II 2 GG muß ein besonderes Organ der Gesetzgebung bestehen, durch das die Staatsgewalt des Volkes ausgeübt wird. Dieser Grundsatz ist nach Art. 79 III GG unantastbar. Der Bundestag kann nicht durch eine Verfassungsänderung abgeschafft oder seiner höchsten Kompetenz, der verfassungsändernden Gesetzgebung, beraubt werden.

3. Der Bundesrat

Aus dem Wortlaut des Grundgesetzes ist eine Bestandsgarantie des Bundesrates nicht eindeutig entnehmen. Das in Art. 20 I GG erwähnte Bundesstaatsprinzip nimmt nicht an der Verweisung des Art. 79 III GG teil, weil dort einzelne Ausprägungen der Bundesstaatlichkeit speziell hervorgehoben werden[31]. Es kann daher nicht als Argument für die Unantastbarkeit einer Länderkammer dienen.

Die Unantastbarkeit des Bundesrates folgt nicht aus der Gliederung des Bundes in Länder. Wenn die grundsätzliche Mitwirkung der Länder bei der Gesetzgebung für unantastbar erklärt wird, so ist darunter die Gesetzgebung des Bundes zu verstehen[32], da die Gesetzgebungskompetenz der Länder schon in der Gliederung des Bundes in Länder enthalten ist. Der Umfang der Mitwirkung ist jedoch weitgehend modifizierbar. Vor allem ist nichts Endgültiges über das mitwirkende Organ festgelegt[33]. Die Mitwirkung der Länder ist sogar ohne ein besonderes Bundesorgan denkbar, sofern nur ein gewisser Bestand an legislativen Kompetenzen verbleibt, in dem sie Einfluß nehmen können.

In diesen Bestand wird eingegriffen, wenn eine Verfassungsänderung das Erfordernis der Zustimmung einer Ländermehrheit zu künftigen Verfassungsänderungen aufhebt. Hier liegt eine klare Grenze, die nicht

---

[30] Ehmke AöR 79, 399; von Herrnritt S. 41.
[31] Maunz / Dürig / Herzog (Maunz / Dürig) Art. 79 Anm. 40.
[32] Dies. Art. 79 Rn. 36 f.; von Mangoldt / Klein, Art. 79 Anm. VII 2 b; Weber S. 145.
[33] Nawiasky, Grundfragen S. 122; Weber S. 142.

überschritten werden darf. Den Ländern würde sonst ihre Mitentscheidungsbefugnis über die Kompetenzaufgliederung zwischen Bund und Ländern entzogen, und der Weg zu ihrer völligen Aushöhlung wäre geebnet.

Dennoch läßt sich eine Bestandsgarantie des Bundesrates nicht aus Art. 79 III GG herleiten. Diese läßt sich nur normlogisch begründen.

IV. Die Unantastbarkeit der qualifizierten Mehrheiten

1. Erstreckung von der Bindung des einfachen Gesetzgebers an die verfassungsmäßige Ordnung

Zwichen den qualifizierten Mehrheiten des Art. 79 II GG und der Bindung des einfachen Gesetzgebers an die verfassungsmäßige Ordnung nach Art. 79 III i. V. m. Art. 20 III GG besteht eine auffällige Beziehung. Wenn sich das Verfahren der verfassungsändernden Gesetzgebung nicht von der einfachen Gesetzgebung unterscheidet, besteht diese Bindung nicht. Ein theoretisches Minimum ist freilich gewahrt, wenn zu einer Verfassungsänderung eine Änderung des Textes erforderlich ist. Es ist etwas anderes, ob der Gesetzgeber sich beliebig über die von ihm geschaffenen Normen hinwegsetzen darf oder ob er zuvor erklären muß, eine bestimmte Norm gelte nicht mehr[34].

Dem Sinn und Zweck der Bindung des einfachen Gesetzgebers an die verfassungsmäßige Ordnung entspricht jedoch eine nur formelle Erschwerung der Verfassungsänderung nicht. Eine Bindung ist nur bei wirklich qualifizierten Mehrheiten gewährleistet. Nur dann wird die Verfassung ihrer Aufgabe gerecht, für das politische Geschehen Stabilität zu schaffen. Der einmal in der Verfassunggebung erzielte Kompromiß[35] darf nicht leichtfertig in Frage gestellt werden, wenn von der Verfassung eine friedensstiftende Wirkung ausgehen soll[36]. Die politische Tagesarbeit darf nicht immer aufs Neue mit Grundsatzfragen belastet werden. Über Neues kann nur beraten und entschieden werden, wenn es eine Festlegung dessen gibt, was entschieden ist[37]. Jede Diskussion bedarf einer gemeinsamen Grundlage, die für das Parlament und die anderen Staatsorgane in der Verfassung besteht[38].

Jede Norm wird zur Ordnung einer vorgefundenen Wirklichkeit gesetzt. Eine allzu starre Verfassung würde der sich wandelnden Umwelt nicht gerecht[39]. Fehlentscheidungen könnten nicht behoben wer-

---

[34] So sinngemäß Somló S. 301.
[35] s. o. G. IV. 3. e).
[36] Badura, EvStL Sp. 2345; Herzog, AllgStL S. 311.
[37] Hesse, Smend FS S. 83.
[38] C. Schmitt VerfL S. 326.
[39] s. o. D. I. 4.

IV. Die Unantastbarkeit der qualifizierten Mehrheiten 131

den. Bei völkerrechtlichen Verträgen, die kein besonderes Änderungsverfahren vorsehen, erfolgt eine Anpassung an unvorhergesehene Umstände über die clausula rebus sic stantibus[40]. Die clausula ist jedoch auf eine Verfassung, die ein Revisionsverfahren enthält, nicht anwendbar.

Die Zweidrittelmehrheit will zwischen der gebotenen Stabilität und der erforderlichen Anpassungsfähigkeit einen Ausgleich schaffen. Der Grad der Änderbarkeit ist für die Dauer der Verfassung von entscheidender Bedeutung. Zahlreiche, leicht gemachte Änderungen mindern die Achtung vor der Verfassung, während ein übermäßig erschwertes Änderungsverfahren zu Revolutionen reizt[41].

Der Grundsatz der Bindung des einfachen Gesetzgebers an die verfassungsmäßige Ordnung gebietet eine qualifizierte, wenn auch nicht zwingend eine Zwei-Drittel-Mehrheit.

2. Die Unvereinbarkeit einer Verschärfung der erforderlichen Mehrheiten mit dem Demokratiegrundsatz

Solange noch eine echte Erschwerung der Verfassungsänderung gewahrt bleibt, kann bestimmt werden, daß auch eine geringere als die Zweidrittelmehrheit zu Verfassungsänderungen genügt. Es ist hingegen zweifelhaft, ob sich eine Verschärfung der erforderlichen Mehrheiten mit Art. 79 III, 20 II GG vereinbaren läßt.

Zum unantastbaren Grundsatz der Demokratie im Sinne des Grundgesetzes gehören periodisch wiederkehrende Wahlen[42]. Die Minderheit muß von Verfassungs wegen die Möglichkeit haben, Mehrheit zu werden[43] und die getroffenen Sachentscheidungen zu korrigieren[44]. Ein Parlament darf nicht das Spätere an seine Entscheidungen binden[45].

---

[40] Diese Parallele ziehen Kägi, Verfassung S. 84 und Menzel, VÄ S. 154. Sie übersehen jedoch die hier hervorgehobene Einschränkung.
[41] Zu den Erfordernissen Stabilität und Anpassungsfähigkeit: Bryce S. 362; Curtius S. 3, 14; Ehmke, Grenzen S. 127; Eichenberger S. 83; Elgeti S. 14; Forsthoff, Umbildung S. 36; Fromme S. 89; Giacometti S. 58; Hamm S. 6; Haug S. 150; Hauriou S. 3; Heller, StL S. 254 f., 264 f., 269; Henrich S. 205; Herrfahrdt, Ru Ld S. 277; Herzog, AllgStL S. 316; Hesse, Grundzüge S. 17; Hildesheimer S. 1, 10; Jahn S. 120; G. Jellinek, AllgStL S. 534; Kägi, Verfassung S. 70, 82, 91, Volksinitiative S. 751 a; Kelsen, AllgStL S. 252, VVDStRL 5, 36; Kewenig S. 528; Kölble S. 6; Kratzmann S. 69 f.; Krüger, DöV 67, 721; Laux S. 51; Leisner Diss. S. 451; Loewenstein, TVerfÄ S. 27 ff.; AöR 77, 420; Maunz, DöV 53, 648; Menzel, VÄ S. 155; Merkl AöR 37, 86; Nef S. 134; Rousseau GP ch. VII. — anders Smend S. 17 pass.
[42] Periodizität als Grundsatz klassischer Demokratie; Bridel, Moor S. 37; Burdeau, Der Staat S. 402, Laux S. 56; Maunz / Dürig / Herzog (Maunz) Art. 20 Rn. 56; Rousseau, GP ch. VII.
[43] Kelsen, Demokratie S. 103; Menger S. 61.
[44] Dürig, VVDStRL H. 29, 127.
[45] Kohler S. 3; Krüger, AllgStL S. 886; C. Schmitt, VerfL S. 26.

Eine solche Bindung würde hergestellt, wenn ein verfassungsändernder Gesetzgeber die Anforderungen für das Revisionsverfahren verschärfen oder gar versuchen würde, neue Unabänderlichkeiten einzuführen.

Die beabsichtigte Unabänderlichkeit des Art. 20 IV GG ist darum unzulässig[46].

Art. 79 III i. V. m. Art. 20 II schließt Änderungen der Revisionsklausel aus, durch die neue Unabänderlichkeiten geschaffen werden oder ein höheres Quorum als die Zweidrittelmehrheit eingeführt wird.

3. Die Erstreckung des Demokratiegrundsatzes auf die qualifizierte Mehrheit

a) Die größtmögliche Freiheit bei absoluter Mehrheit

Das Verhältnis der Zweidrittelmehrheit zu einem weiteren Wesensmerkmal der Demokratie, dem Mehrheitsprinzip, ist nicht ohne Spannungen. Ist in der Zweidrittelmehrheit eine Annäherung an das demokratische Ideal der Einstimmigkeit zu sehen oder ist man einer demokratischen Willensbildung bei einfachen Mehrheiten am nächsten?

Rousseau[47] geht ersichtlich vom Ideal der Einstimmigkeit aus. Da diese, wie er einsieht, nicht immer zu erzielen ist, will er sich bei eiligen Angelegenheiten notfalls mit einer Stimme Mehrheit begnügen. Es sei zwar wider die Natur einer politischen Körperschaft, sich selbst Gesetze aufzuerlegen, die sie nicht widerrufen könne, doch sei es weder wider Natur noch Vernunft, wenn sie nur unter denselben Förmlichkeiten zurückgenommen werden könnten, unter denen sie gegeben wurden[48].

Die Gegenmeinung hält das Erfordernis qualifizierter Mehrheiten für undemokratisch[49], sieht darin eine Bevorzugung der konservativen Minderheit[50] oder bezeichnet die Verfassung schlicht als Instrument konservativer Politik[51]. Eine faktische Machtgestaltung werde im Interesse der Machthaber eingefroren[52]. Die Aussicht, nicht überstimmt zu werden und keinem fremden Willen folgen zu müssen, ist um so größer, je größer die Mehrheit sein muß, bei der ein Beschluß zustande kommt. Wenn dieser Beschluß jedoch eine Norm geworden ist und abermals

---

[46] Isensee S. 97; Klein, Hans H., DöV 68, 867; von Mangoldt / Klein, Art. 79 Anm. III e; Scheidle S. 145; Schneider, H., S. 11.
[47] CS II 4, IV 2.
[48] GP ch. IX.
[49] Bridel / Moor S. 45; Giacometti S. 25, 263.
[50] Herzog, EvStL Sp. 1297 f.
[51] Dichgans, Zeit.
[52] Loewenstein, VerfL S. 153.

Einstimmigkeit oder eine qualifizierte Mehrheit erforderlich sein soll, ihn zu ändern, kann eine Minderheit gegen den Willen der Mehrheit diese Änderung verhindern. Die Übereinstimmung des eigenen Willens mit dem Staatswillen ist am besten bei absoluten, nicht bei qualifizierten Mehrheiten gewahrt[53].

Unter Umständen entscheidet eine Minderheit über den Bestand einer verfassungsrechtlichen Norm. Nur wegen des Vorhandenseins einer Verfassung ist zum Schutz vor übereilten Änderungen eine breitere Zustimmung zu fordern[54]. Hier zeigt sich wieder der grundlegende Unterschied zwischen Verfassunggebung und Verfassungsänderung: Eine verfassunggebende Nationalversammlung entscheidet zumeist mit einfacher Mehrheit[55]. Da die von ihr geschaffene Grundlage politischen Handelns nicht ohne Not angetastet werden darf, ist zu ihrem Schutze die Zweidrittelmehrheit vorgesehen. Dies ändert jedoch nichts am Gegensatz zum Prinzip der absoluten Mehrheit, das jedenfalls auf den ersten Blick ein Höchstmaß an Freiheit gewährleistet.

b) Die Bedeutung der qualifizierten Mehrheit für die Minderheitenrechte

Die für unantastbar erklärte Demokratie hat gewisse Voraussetzungen, zu denen möglicherweise auch die bei Verfassungsänderungen erforderliche Zweidrittelmehrheit gehört.

Zur Demokratie im Sinne des Grundgesetzes gehört die rechtlich geschützte Möglichkeit der Minderheit, Mehrheit zu werden. Das Mehrheitsprinzip ist nur denkbar, wenn die Existenzberechtigung einer Minderheit anerkannt wird[56]. Der nach dem Mehrheitsprinzip gebildete Gemeinschaftswille enthält auch den Willen der Minderheit, mit dem sich die Mehrheit in der vorausgegangenen Diskussion auseinandersetzen mußte[57]. Das Mehrheitsprinzip verliert seine innere Berechtigung, wenn es zu einer Überwältigung der Minderheit mißbraucht wird.

Bei einer Verfassungsänderung schließt das Erfordernis der Zweidrittelmehrheit ein Niederstimmen einer nicht zu schwachen Opposi-

---

[53] Kelsen, AllgStL S. 323; Parlament S. 30; Demokratie S. 8 f.; Menger S. 53.
[54] G. Jellinek, VÄ S. 8; Kratzmann S. 89; Loewenstein, TVerfÄ S. 29; Maschke S. 23; Menzel, VÄ S. 177 f.
[55] Dichgans, ZRP 68, 62 für eine künftige deutsche Nationalversammlung, kritisch Schütte, ZRP 69, 34; C. Schmitt, VerfL S. 26 zur Weimarer Nationalversammlung.
[56] Kelsen, Demokratie S. 53; Parlament S. 30; Thoma, HdBDStR I S. 197.
[57] Kelsen, Demokratie S. 56 f.

tion aus. Es gewährleistet einen für die Demokratie unerläßlichen Minderheitenschutz[58].

Die Grundrechte schützen in einem demokratischen Staat die Minderheit vor einer Vergewaltigung durch die Mehrheit. Durch Grundrechte wären keine Freiheiten gesichert, wenn an die Stelle des fürstlichen Absolutismus der Wille der jeweiligen Parlamentsmehrheit träte[59]. Ein Grundrecht läuft leer, wenn es zur Disposition der einfachen Mehrheit steht. Ebenso ist ein Grundrecht, das sich für seinen ganzen Anwendungsbereich dem Vorbehalt des einfachen Gesetzes unterstellt, als Scheingarantie anzusehen[60]. Eine Garantie der Grundrechte besteht nur, wenn sie unter erschwerten Bedingungen geändert werden können. Grundrechte sind für die Demokratie im Sinne des Grundgesetzes unabdingbar. Demnach ist eine qualifizierte Mehrheit bei Verfassungsänderungen zum Schutze der Grundrechte geboten.

Die qualifizierte Mehrheit, die bei Verfassungsänderungen dem Schutze der Minderheit dient, ist eine Ausprägung des unantastbaren Demokratiegrundsatzes. Ihre Abschaffung verstieße gegen Art. 79 III i. V. m. Art. 20 I, II GG.

---

[58] Dohna S. 40; Ehmke, Grenzen S. 33; Giacometti S. 32, Herrfahrdt, RuLd S. 277; von Herrnritt S. 18; G. Jellinek, AllgStL S. 535; Loewenstein, TVerfÄ S. 64; Thoma, aaO; Weber S. 7. Menger S. 60: Zweidrittelmehrheit als Minderheitenschutz nicht ausreichend.
[59] Zum Übergang Volkssouveränität — Fürstensouveränität Hauriou S. 219; Merkl, ZöffR V S. 516; Zweig S. 76. Gegen den Absolutismus der jeweiligen Parlamentsmehrheit Kägi, Verfassung S. 153, 164, RStDem S. 108 ff.; Kriele, VVDStRL H. 29 S. 106.
[60] Kelsen, RR S. 147, AllgStL S. 155; Demokratie S. 54; Maunz, Laforet FS S. 147.

L. Die Rechtsstaatlichkeit als Voraussetzung der Demokratie

Art. 1 III GG, der den einfachen Gesetzgeber an die Grundrechte bindet, steht mit dem Demokratiegrundsatz in unauflöslichem Zusammenhang. Freilich handelt es sich bei Art. 1 III GG in erster Linie um eine besondere Ausprägung der Bindung des einfachen Gesetzgebers an die verfassungsmäßige Ordnung. Da diese Bindung ein Kernstück der Rechtsstaatlichkeit darstellt, ist die Verbindung von Demokratie und Rechtsstaatlichkeit hergestellt.

Eine demokratische Rechtsetzung setzt ein rechtsstaatlich geordnetes Verfahren der Willensbildung und ein System von Kompetenzzuweisungen voraus.

Anders als beim absoluten Monarchen ist in der Demokratie eine Norm erforderlich, die eine Vielheit der Willensbekundungen zu einer Einheit zusammenfaßt[1]. Eine Norm der Verfassung kann bestimmen, daß entweder die einfache oder die Zweidrittelmehrheit den Beschluß zu fassen hat, der mit Rechtsverbindlichkeit ausgestattet wird. Ein Mehrheitsprinzip unabhängig von einer positiv-rechtlichen Normierung ist nicht denkbar.

Der Wille der Mehrheit ist nur im Rahmen der Verfassung maßgeblich[2]. Es gibt kein souveränes Volk und keine souveräne Mehrheit, denn an der Spitze einer jeden staatlichen Rechtsordnung steht die Verfassung[3]. Die Kompetenznormen schaffen die Voraussetzung für die Geltung der Mehrheitsbeschlüsse. Sie stellen darum keine „Begrenzung" dar[4].

Die Frage, ob die zu Verfassungsänderungen erforderliche Zweidrittelmehrheit undemokratisch sei, ist falsch gestellt, weil es kein Mehrheits- und kein Demokratieprinzip unabhängig von einer bestimmten Rechtsordnung gibt. Der Demokratiebegriff gewinnt seinen Inhalt nur im Zusammenhang mit einer Vielzahl verfassungsrechtlicher Normen. Dazu gehören die Grundrechte, und gerade sie gebieten qualifizierte Mehrheiten.

---

[1] Onishi S. 302.
[2] Arndt, NJW 59, 2145; G. Jellinek, AllgStL S. 145; Kriele VVDStRL H. 29 S. 160; Roellecke VVDStRL H. 29 S. 100; von Simson, VVDStRL H. 29 S. 9; als Klassiker Rousseau CS I 5, IV 2.
[3] Krabbe S. 41 passim. Besonders zum Verhältnis zwischen Gewaltenteilungsprinzip und Demokratie vgl. Schelsky.
[4] Anders BVerfGE 8, 115 f.

L. Die Rechtsstaatlichkeit als Voraussetzung der Demokratie

Die rechtsstaatlichen Elemente des Grundgesetzes, zu denen die Grundrechte gehören, stellen keine Schranke des demokratischen Willens[5] oder ein von der Demokratie verschiedenes Prinzip dar[6]. Demokratie im Sinne des Grundgesetzes setzt Rechtsstaatlichkeit voraus und läßt sich nicht von ihr trennen.

---

[5] H. Klein, VVDStRL H. 29 S. 121. — a. A. Maunz, DStR S. 73; Münch, VVDStRL H. 29 S. 109.
[6] So aber Hugelmann, VVDStRL H. 10 S. 52; Walter, VVDStRL H. 29 S. 92.

M. Die konservative Tendenz der Verfassung

Der historische Verfassunggeber hat die Absicht, seinem Normsetzungsakt Dauer zu verleihen. Diese Zielsetzung findet in den Erschwerungen der Abänderbarkeit ihren Ausdruck.

Es ist eine Frage der politischen Einstellung, ob man diese konservative Zielsetzung der Verfassung ablehnt oder begrüßt. Wer bereit ist, den im Akte der historischen Verfassunggebung erzielten Kompromiß und die geschaffenen Grundrechte aufs Spiel zu setzen, mag die konservative Tendenz der Verfassung kritisieren. Wer willens ist, sich für die verwirklichten Freiheitsrechte einzusetzen und die friedensstiftende Wirkung einer stabilen Verfassung zu würdigen weiß, begrüßt die in Art. 79 GG enthaltenen Erschwerungen.

Literaturverzeichnis

Abendroth, Wolfgang: Zum Begriff des demokratischen und sozialen Rechtsstaates im Grundgesetz der Bundesrepublik Deutschland, in: Rechtsstaatlichkeit und Sozialstaatlichkeit, herausgegeben von Ernst Forsthoff, Darmstadt 1968.

Affolter, Urs: Die rechtliche Stellung des Volkes in der Demokratie und der Begriff der politischen Rechte, Diss. Zürich 1968.

Alberts, Hans-Werner: Auflösung der Verfassung? — Noch einmal BVerfGE 30, 1, JuS 72, 319 ff.

Altmann, Rüdiger: Zum Rechtscharakter der Geschäftsordnung des Bundestages, DöV 56, 751 ff.

Altmann, Wilhelm: Ausgewählte Urkunden zur außerdeutschen Verfassungsgeschichte seit 1776, Berlin 1897.

Anschütz, Gerhard: Deutsches Staatsrecht, in: Enzyklopädie der Rechtswissenschaft in systematischer Darstellung, herausgegeben von Franz von Holzendorff und Josef Kohler, 7. Auflage, 4. Band, München 1914, zit.: Enzyklopädie.

— Die Verfassung des Deutschen Reiches, 14. Auflage, Berlin 1933.

Apelt, Willibalt: Betrachtungen zum Bonner Grundgesetz, NJW 49, 481 ff.

— Erstreckt sich das richterliche Prüfungsrecht auf Verfassungsnormen? NJW 52, 1 ff.

— Zum Begriff des Föderalismus, in: Um Recht und Gerechtigkeit, Festgabe für Erich Kaufmann zu seinem 70. Geburtstag, Stuttgart 1950.

Arndt, Adolf: Schriftsatz im Wehrstreitverfahren vom 31. 1. 52, KudW I, S. 3 ff.

— Stellungnahme der Antragsteller im Wehrstreitverfahren, KudW III, S. 468 ff.

— Das Grundrecht der Kriegsdienstverweigerung, NJW 57, 361 ff.

— Hat die Feststellung der Verfassungswidrigkeit eines Gesetzes die Nichtigkeit der darauf gestützten Verwaltungsakte zur Folge? NJW 59, 863 f.

— Nochmals: Welche Folge hat die Verfassungswidrigkeit eines Gesetzes für einen darauf gestützten Verwaltungsakt? NJW 59, 2145 ff.

Arnold, Hans-Joachim: Begriff und Verfahren der Verfassungsänderung nach der Weimarer Reichsverfassung, Diss. Berlin 1932.

Bachof, Otto: Verfassungswidrige Verfassungsnormen?, Tübingen 1951.

— Diskussionsbeitrag, VVDStRL H. 10, S. 64 f.

Badura, Peter: Verfassung, EvStL Sp. 2345 ff.

Battelli, Maurice: Réflexions sur la Revision totale, ZSchwR, Band 87 NF, H. 4, S. 23 ff., Basel 1968.

Bäumlin, Richard: Die rechtsstaatliche Demokratie, Diss. Zürich 1954.
— Was läßt sich von einer Totalrevision erwarten? ZSchwR, Band 87 NF, H. 4, S. 7 ff., Basel 1968.
— Demokratie, EvStL Sp. 278 ff.
Beyme, Klaus von: Die verfassunggebende Gewalt des Volkes, Tübingen 1968.
Bilfinger, Carl: Verfassungsumgehung, AöR NF 11, 163 ff.
Bonner Kommentar: Hamburg, 1950 ff., zit.: BK.
Bridel, Marcel: Moor, Pierre, Observations sur la Hiérarchie des Règles constitutionelles, ZSchR, Band 87 NF, H. 4, S. 35 ff.
Bryce, James: The American Commonwealth, Vol. I, new edition New York 1941.
Bundesregierung: Die Stellungnahme der Bundesregierung in der Frage der Vereinbarkeit des Vertrages über die Gründung der Europäischen Verteidigungsgemeinschaft mit dem Grundgesetz für die Bundesrepublik Deutschland, KudW II, S. 5 ff.
Burckhardt, Walther: Die Organisation der Rechtsgemeinschaft, Zürich 1944.
Burdeau, Georges: Traité de Sience Politique, Tome II, L'Etat, Paris 1949; Tome III, Le Statut du Pouvoir dans l'Etat, Paris, 1950, zit.: Burdeau II, III.
— Zur Auflösung des Verfassungsbegriffs, Der Staat 1962, 389 ff.
Carré de Malberg, Raymond: Contribution à la Théorie générale de l'Etat, Tome premier, Paris 1920; Tome deuxième, Paris 1922.
Coing, Helmut: Grundzüge der Rechtsphilosophie, Berlin 1950.
Curtius, Carl Friedrich: Die Schranken der Änderung des Grundgesetzes, Diss. Köln 1953, zit.: Diss.
— Die Verfassungsnovelle vom 26. März 1954 und die Schranken der Verfassungsrevision, DöV 54, 705 ff.
Darbellay, Jean: Vers la Revision de la Constitution Fédérale, ZSchwR Band 87 NF, H. 4, S. 55 ff., Basel 1968.
Dennewitz, Bodo: BK Art. 146.
Dichgans, Hans: Eine verfassunggebende Nationalversammlung? ZRP 68, 61 ff.
— Ist unsere Verfassung tabu? „Die Zeit", 27. 2. 1970, S. 50.
Dohna, Alexander Graf zu: 33. DJT, Erste Sitzung der ersten Abteilung, S. 31 ff., Berlin, Leipzig 1925.
Dupraz, Louis: De l'initiative en revision de la constitution dans les Etats suisses en particulier de l'initiative populaire, ZSchR NF Band 75, S. 267 a ff., Basel 1956.
Dürig, Günter: Art. 2 GG und die polizeiliche Generalermächtigung zu polizeilichen Maßnahmen, AöR 79, 57 ff.
— VVDStRL H. 29, S. 126 ff., Diskussionsbeitrag.
Dürig, Günter; *Evers*, Hans Ulrich: Zur verfassungsändernden Beschränkung des Post-, Telefon- und Fernmeldegeheimnisses, Zwei Rechtsgutachten, Bad Homburg vdH 1969.

Ehmke, Horst: Grenzen der Verfassungsänderung, Berlin 1953, zit.: Grenzen.
— Prinzipien der Verfassungsinterpretation, VVDStRL H. 20, S. 53 ff.
— Verfassungsänderung und Verfassungsdurchbrechung, AöR 79, 385 ff.
— Noch einmal: Die Verfassungsnovelle vom 26. März 1954, DöV 56, 449 ff.

Eichenberger, Kurt: Richtpunkte einer Verfassungsrevision, ZSchwR NF Band 87, H. 4, S. 69 ff., Basel 1968.

Elgeti, Axel: Inhalt und Grenzen der Föderativklausel des Art. 79 III GG, Diss. Marburg 1968.

Favre, Antoine: Aspects divers de la Revision, ZSchwR NF Band 87, H. 4, S. 87 ff., Basel 1968.

Fleiner, Fritz: Institutionen des Deutschen Verwaltungsrechts, 8. Auflage, Tübingen 1928.

Fleiner Fritz; *Giacometti,* Zaccaria: Schweizerisches Bundesstaatsrecht, Zürich 1965.

Flor, Georg: Der Wehrdienst in der Konfliktsituation, NJW 57, 243 ff.

Forsthoff, Ernst: Die Umbildung des Verfassungsgesetzes, in: Festschrift für Carl Schmitt zum 70. Geburtstag, Berlin 1959, zit.: Umbildung.
— Lehrbuch des Verwaltungsrechts, Allgemeiner Teil, 9. Auflage, München, Berlin 1966.

Friesenhahn, Ernst: Staatsrechtslehre und Verfassung, Krefeld 1950.

Fromme, Friedrich Karl: „Totalrevision" des Grundgesetzes, ZfP Jahrgang 17, NF H. 2, S. 87 ff.

Geiger, Willi: Gesetz über das Bundesverfassungsgericht vom 12. März 1951, Berlin, Frankfurt a. M. 1952.

Giacometti, Zaccaria: Das Staatsrecht der Schweizerischen Kantone, Zürich 1941.

Giese, Friedrich: Die Verfassung des Deutschen Reiches, 8. Auflage, Berlin 1931, zit.: VerfDR.
— Bundesstaatsgründung einst und jetzt, in: Staats- und verwaltungsrechtliche Beiträge, Festschrift 10 Jahre Hochschule für Verwaltungswissenschaften Speyer, herausgegeben von der Hochschule für Verwaltungswissenschaften Speyer, Stuttgart 1957, zit.: SpFS.

Giese, Friedrich; *Schunk,* Egon: Grundgesetz für die Bundesrepublik Deutschland, 8. Auflage, Frankfurt a. M. 1970.

Goessl, Manfred: Organstreitigkeiten innerhalb des Bundes, Berlin 1961.

Götz, Heinrich: Der Wirkungsgrad verfassungswidriger Gesetze, NJW 60, 1177 ff.

Grewe, Wilhelm: Die verfassungsrechtlichen Grundlagen der Bundesrepublik Deutschland, DRZ 49, 265.

Grund: Die Stellung des Vorsitzenden im Prüfungsausschuß für Kriegsdienstverweigerer, NJW 57, 1624 ff.

Gutmann, Egbert: Die Konstituante nach dem Grundgesetz für die Bundesrepublik Deutschland, Diss. Würzburg 1965.

Häberle, Peter: Die Abhörentscheidung des Bundesverfassungsgerichts vom 15. 12. 1970, JZ 71, 145 ff.

Hamann, Andreas: Aussetzung der Vollziehung von Steuerbescheiden, NJW 59, 1465 ff.

Hamann, Andreas; *Lenz*, Helmut: Das Grundgesetz für die Bundesrepublik Deutschland vom 23. Mai 1949, 3. Auflage, Neuwied, Berlin 1970.

Hamel, Walter, Die Bekenntnisfreiheit in der Schule, NJW 66, 18 ff.

Handbuch des Deutschen Staatsrechts: Herausgegeben von Gerhard Anschütz und Richard Thoma, Erster Band, Tübingen 1930, Zweiter Band, Tübingen 1932, zit.: HdBDStR I, II.

Haenel, Albert: Deutsches Staatsrecht, Band I, Leipzig 1892.

Hamm, Ludwig: Die ausdrücklichen Schranken der Verfassungsänderung im Bonner Grundgesetz, Diss. Mainz 1952.

Hatschek, Julius: Das Parlamentsrecht des Deutschen Reiches, Erster Teil, Berlin, Leipzig 1915, zit.: Parlamentsrecht.

— Deutsches und Preußisches Staatsrecht, Erster Band, Berlin 1922, zit.: StR.

Haug, Hans: Die Schranken der Verfassungsrevision, Zürich 1947.

Hauriou, Maurice: Précis de Droit constitutionelle, Paris 1923.

Heilfron, Ed.: Lehrbuch des Staats- und Verwaltungsrechts, 1. und 2. Auflage der Neubearbeitung, Mannheim, Berlin, Leipzig 1914.

Heller, Hermann: Staatslehre, Leiden 1934, zit.: StL.

— Die Souveränität, Berlin, Leipzig 1927, zit.: Souveränität.

Henke, Wilhelm: Die verfassunggebende Gewalt des deutschen Volkes, Stuttgart 1957.

Henrich, Walter: Die Verfassung als Rechtsinhaltsbegriff, in: Festschrift für Hans Kelsen zum 50. Geburtstage, Wien 1931.

Hensel, Albert: Die Rangordnung der Rechtsquellen insbesondere das Verhältnis von Reichs- und Landesgesetzgebung, HdBDStR II, S. 313 ff.

Herrfahrdt, Heinrich: Wege und Grenzen der Verfassungsänderung, Reich und Länder, III. Jahrgang, S. 270 ff., Stuttgart, Berlin 1929/30.

— BK Art. 79.

— Revolution und Rechtswissenschaft, Greifswald 1930.

— Staatsgestaltungsfragen der Entwicklungsländer Asiens und Afrikas, Karlsruhe 1965, zit.: Staatsgestaltungsfragen.

— Die Verfassungsgesetze des nationalsozialistischen Staates, Marburg 1935, zit.: Verfassungsgesetze.

— Diskussionsbeitrag, VVDStRL H. 10, S. 55 f.

Herrnritt, Rudolf Hermann von: Die Staatsform als Gegenstand der Verfassungsgesetzgebung und Verfassungsänderung, Tübingen, Leipzig 1901.

Herzog, Roman: Mehrheitsprinzip, EvStL Sp. 1295 ff.

— Bundes- und Landesstaatsgewalt im demokratischen Bundesstaat, DöV 62, 81 ff.

— Allgemeine Staatslehre, Frankfurt a. M. 1971, zit.: AllgStL.

Hesse, Konrad: Grundzüge des Verfassungsrechts der Bundesrepublik Deutschland, 5. Auflage, Karlsruhe 1972.
— Der Rechtsstaat im Verfassungssystem des Grundgesetzes, in: Festgabe für Rudolf Smend zum 80. Geburtstag am 15.1.62, Tübingen 1962, zit.: SmendFS.

Hettlage, Karl Maria: Die verfassungsrechtlichen Grundlagen des neuen Finanzausgleichs, DVBl. 53, 713 ff.

Hildesheimer, Walther: Ueber die Revision moderner Staatsverfassungen, Tübingen 1918.

Hippel, Ernst von: Das richterliche Prüfungsrecht, HdBDStR II 546 ff.
— Ungeschriebenes Verfassungsrecht, VVDStRL H. 10, S. 1 ff.

Hoffmann, Gerhard: Die Verwaltung und das verfassungswidrige Gesetz, JZ 61, 193 ff.
— Strafrechtliche Verantwortung im Völkerrecht, Berlin 1962, zit.: Verantwortung.
— Die deutsche Teilung, Pfullingen 1969, zit.: Teilung.
— Staats- und völkerrechtliche Möglichkeiten der Wiedervereinigung, in: Was soll aus Deutschland werden?, herausgegeben von Leonhard Froese, München 1968.
— Das Verhältnis des Rechts der europäischen Gemeinschaften zum Recht der Mitgliedstaaten, DöV 67, 433 ff.

Holtkotten: BK, Art. 93.

Ipsen, Hans Peter: Über das Grundgesetz, Hamburg 1950.

Isensee, Josef: Das legalisierte Widerstandsrecht, Bad Homburg 1969.

Jacobi, Erwin: Reichsverfassungsänderung, in: Die Reichsgerichtspraxis im Deutschen Rechtsleben, Berlin, Leipzig 1929.

Jahn, Gerhard: Revision des Grundgesetzes? Deutsche Gemeindesteuerzeitung 70, 117 ff.

Jellinek, Georg: Allgemeine Staatslehre, 3. Auflage, Bad Homburg 1966, zit.: AllgStL.
— Gesetz und Verordnung, Tübingen 1919, zit.: GuVO.
— Verfassungsänderung und Verfassungswandlung, Berlin 1906, zit.: VÄ.
— Die Lehre von den Staatenverbindungen, Aalen 1969, zit.: Staatenverbindungen.
— System der subjektiven öffentlichen Rechte, 2. Auflage, Tübingen 1919, zit.: System.

Jellinek, Walter: Revolution und Reichsverfassung, JahrbÖffR IX, S. 1 ff.
— Verfassung und Verwaltung des Reiches und der Länder, in: Staatskunde, Zweiter Band, 2. Heft, Leipzig, Berlin 1926.
— Das verfassungsändernde Reichsgesetz, HdBDStR II, S. 182 ff.
— Grenzen der Verfassungsgesetzgebung, Berlin 1931, zit.: Grenzen.
— Grundgesetz und Wehrmacht, DöV 51, 541 ff.

Jesch, Dietrich: Gesetz und Verwaltung, Tübingen 1961.

Jeselsohn, Sigmund: Begriff und Arten der Verfassungsänderung nach Reichsrecht, Heidelberg 1929.

Kägi, Werner: Rechtsfragen der Volksinitiative auf Partialrevision, Verhandlungen des Schweizerischen Juristenvereins H. 4, Basel 1956, zit.: Partialrevision.
— Die Verfassung als rechtliche Grundordnung des Staates, Zürich 1945, zit.: Verfassung.
— Rechtsstaat und Demokratie, in: Demokratie und Rechtsstaat, Festgabe zum 60. Geburtstag von Zaccaria Giacometti, Zürich 1953, zit.: RStuDem.

Kahl, Wilhelm: Die drei Reiche, in: Festgabe für Otto Liebmann, Berlin 1920.

Kampf, Der K. um den Wehrbeitrag, 1. Halbband, Die Feststellungsklage, München 1952; 2. Halbband, Das Gutachterverfahren, München 1953; Ergänzungsband, München 1958, zit.: KudW I, II, III.

Kastari, Paavo: Über die Normativität und den hierarchischen Vorrang der Verfassungen, in: Die moderne Demokratie und ihr Recht, Festschrift für Gerhard Leibholz zum 65. Geburtstag, Zweiter Band: Staats- und Verfassungsrecht, herausgegeben von Bracher, Dietrich u. a.

Kaufmann, Erich: Ergänzung zu dem Rechtsgutachten zum Vertrage über die Gründung der Europäischen Verteidigungsgemeinschaft und zum Deutschlandvertrage, KudW II, S. 786 ff.

Kelsen, Hans: Reine Rechtslehre, 2. Auflage, Wien 1967, zit.: RR.
— Allgemeine Staatslehre, Bad Homburg, Berlin, Zürich 1966, zit.: AllgStL.
— Das Problem der Souveränität und die Theorie des Völkerrechts, 2. Auflage, Aalen 1960, zit.: ProblSouvVR.
— Vom Wesen und Wert der Demokratie, 2. Auflage, Aalen 1963, zit.: Demokratie.
— Théorie du droit international coutumier, RITD 1939, 253 ff.
— Wesen und Entwicklung der Staatsgerichtsbarkeit, VVDStRL H. 5, S. 30 ff.
— Das Problem des Parlamentarismus, Wien, Leipzig o. J.
— Der Staat als Integration, Wien 1930, zit.: Integration.
— Principles of International Law, New York 1952, zit.: Principles.

Kewenig, Wilhelm: Verfassungsreform — ein Beruf unserer Zeit?, DöV 71, 524 ff.

Klein, Friedrich: Erfordert der Beschluß der Vertragsgesetze, mit denen die Gesetzgebungsorgane der Bundesrepublik Deutschland dem Vertrag über die Gründung der Europäischen Verteidigungsgemeinschaft zustimmen müssen, die Aufnahme von Bestimmungen einer Wehrverfassung in das Grundgesetz? Gutachten vom 31. 10. 52, KudW II, S. 456 ff.
— Die Rechtswidrigkeit des Gesetzes zur Ergänzung des Grundgesetzes vom 26. März 1954, KudW III, S. 566 ff.
— Von der föderativen zur stärker unitarischen Gestaltung des Finanzwesens in der Bundesrepublik Deutschland, in: Festschrift für Friedrich Giese zum 70. Geburtstag, Frankfurt a. M. 1953.
— Das Besatzungsstatut für Deutschland, SJZ 49, Sp. 737 ff.
— Formale Probleme des Ausführungsgesetzes zu Art. 107 GG, DVBl. 54, 37 ff.
— Bonner Grundgesetz und Wiedervereinigung Deutschlands, in: Gedächtnisschrift für Walter Jellinek, München 1955, zit.: W. Jellinek GS.

Klein, Friedrich: Zur rechtlichen Verbindlichkeit von Bundestagsbeschlüssen — BVerwGE 12, 16, JuS 64, 181 ff.

Klein, Hans H.: Der Gesetzgeber und das Widerstandsrecht, DöV 68, 865 ff.

— Diskussionbeitrag, VVDStRL H. 29, S. 120.

Koellreutter, Otto: Deutsches Staatsrecht, Stuttgart 1953.

Kohler, J.: Verfassungsänderungen während der Regentschaft, Annalen des Deutschen Reichs, S. 1 ff.

Kölble, Josef: Finanzreform und Bundesstaatsprinzip, DöV 67, 1 ff.

Krabbe, Hugo: Die Lehre der Rechtssouveränität, Groningen 1906.

Kratzer, J.: „Das Nähere regelt ein Bundesgesetz", DVBl. 52, 431 f.

Kratzmann, Horst: Die Verfassungsänderung, Diss. Hamburg 1969.

Kriele, Martin: Das demokratische Prinzip im Grundgesetz, VVDStRL H. 29, S. 46 ff.; Diskussionsbeitrag S. 106 aaO.

Krüger, Herbert: Verfassungsänderung und Verfassungsauslegung, DöV 61, 721 ff.

— Allgemeine Staatslehre, 2. Auflage, Stuttgart 1966, zit.: AllgStL.

— Diskussionsbeitrag, VVDStRL H. 10, S. 62 ff.

Kurz, Hanns: Volkssouveränität und Volksrepräsentation, Diss. Köln 1965.

Laband, Paul: Besprechung zu: Charles Borgeaud, Etablissement et Revision des Constitutions en Amérique et en Europe, Paris 1893; AöR 9, 270 ff.

— Das Staatsrecht des Deutschen Reiches, Zweiter Band, 5. Auflage, Tübingen 1911, zit.: StR.

Lasalle, Ferdinand, Ueber Verfassungswesen, Berlin 1907.

Laun, Rudolf: Mehrheitsprinzip, Fraktionszwang und Zweiparteiensystem, in: Gedächtnisschrift für Walter Jellinek, München 1955.

Laux, Joachim: Bedeutung und Inhalt der Grenzen der Grundgesetzänderung nach Art. 79 III des Bonner Grundgesetzes, Diss. Kiel 1956.

Lechner, Hans, Bundesverfassungsgerichtsgesetz, München 1967.

Leibholz, Gerhard: Repräsentation, EvStL Sp. 1859.

Leisner, Walter: Verfassunggebung und Verfassungskontrolle in Frankreich und Deutschland, Diss. München 1957, zit.: Diss.

— Die Gesetzmäßigkeit der Verfassung, JZ 64, 201 ff.

Loewenstein: Erscheinungsformen der Verfassungsänderung, Tübingen 1931, zit.: ErschfVÄ.

Loewenstein, Karl: Verfassungslehre, Tübingen 1959, zit.: VerfL.

— Verfassungsrecht und Verfassungsrealität, AöR 77, 387 ff.

— Über Wesen, Technik und Grenzen der Verfassungsänderung, Berlin 1961, zit.: TechnVÄ.

— Rechtsgutachten, KudW III, S. 540 ff.

— Kritische Betrachtungen zur Verfassungsänderung vom 27. März 1954, DöV 54, 385 ff.

Maisch, E.: Hat die Feststellung der Verfassungswidrigkeit eines Gesetzes die Nichtigkeit der darauf gestützten Verwaltungsakte zur Folge?, NJW 59, 227 ff.

Mallmann: Anmerkung zu Bad. OVA Freiburg i. Br., DRZ 50, 411 ff.

Mallmann, W.: ... la bouche qui prononce les paroles de la loi?, JZ 51, 245 f.

Mangoldt, Hermann von: Das Bonner Grundgesetz, Berlin, Frankfurt a. M. 1953.

Mangoldt, Hermann von / *Klein*, Friedrich: Das Bonner Grundgesetz, 2. Auflage, Band I, Berlin, Frankfurt a. M. 1966; 2. Auflage, Band II, Berlin, Frankfurt a. M. 1964; Band III, Berlin, Frankfurt a. M. 1969.

Marcic, René: Diskussionsbeitrag, VVDStRL H. 29, S. 100.

Maschke, Hermann: Die Rangordnung der Rechtsquellen, Diss. Göttingen, Berlin 1932.

Maunz, Theodor: Deutsches Staatsrecht, 18. Auflage, München 1971, zit.: StR.

— Die verfassunggebende Gewalt im Grundgesetz, DöV 53, 645 ff.

— Die Finanzverfassung im Rahmen der Staatsverfassung, VVDStRL H. 14, S. 37 ff.

— Starke und schwache Normen in der Verfassung, in: Festschrift für Wilhelm Laforet, München 1952, zit.: Laforet FS.

Maunz, Theodor / *Dürig*, Günter / *Herzog*, Roman: Grundgesetz, Band I, II, München 1971.

Maurenbrecher, Romeo: Grundsätze des heutigen deutschen Staatsrechts, 3. Auflage, Frankfurt a. M. 1847.

Mayer, Otto: Deutsches Verwaltungsrecht, Erster Band, Leipzig 1895.

Menger, Christian-Friedrich: Vom Werden und Wesen der Demokratie, in: Staats- und verwaltungswissenschaftliche Beiträge, 10 Jahre Hochschule für Verwaltungswissenschaften Speyer, herausgegeben von der Hochschule für Verwaltungswissenschaften Speyer, Stuttgart 1957.

Menzel, Eberhard: Rechtsformen der formalen Verfassungsänderung, in: Festschrift für Friedrich Giese zum 70. Geburtstag, Frankfurt a. M. 1953, zit.: VÄ.

— Gutachten über die Notwendigkeit eines verfassungsändernden Gesetzes zur Errichtung deutscher bewaffneter Streitkräfte im Rahmen der Europäischen Verteidigungsgemeinschaft, KudW I, S. 280 ff.

Menzel: BK, Nachtrag 1 zu Art. 79 Abs. 1.

Merkatz, Hans Joachim von: Verhandlungen des Deutschen Bundestages, Stenographische Berichte, 2. Deutscher Bundestag, 17. Sitzung, S. 551 ff.

Merkl, Adolf: Die Rechtseinheit des österreichischen Staates. Eine staatsrechtliche Untersuchung auf Grund der Lehre von der lex posterior, AöR 37, 56 ff.

— Das Problem der Rechtskontinuität und die Forderung des einheitlichen rechtlichen Weltbildes, ZöffR V, 497 ff.

— Die Lehre von der Rechtskraft, Leipzig, Wien 1923.

Meyer, Georg / *Anschütz*, Gerhard: Lehrbuch des Deutschen Staatsrechts, 7. Auflage, München, Leipzig 1919.

Meyer-Arndt, Lüder: Rechtsfragen der Grundgesetzänderung, AöR 82, 275 ff.

Meyer-Goßner, Lutz: Die Verfassungsmäßigkeit des Art. 79 Abs. I Satz 2 des Grundgesetzes für die Bundesrepublik Deutschland, Diss. München 1962.

Mohl, Robert von: Staatsrecht, Völkerrecht und Politik, Tübingen 1860.

Münch, Fritz: Diskussionsbeitrag, VVDStRL H. 29, S. 109.

— Die neue Geschäftsordnung des Bundesrates, AöR 80, 240 ff.

Münch, Ingo von: BK Art. 8, Zweitbearbeitung 1964.

Nawiasky, Hans: Allgemeine Rechtslehre als System der rechtlichen Grundbegriffe, 2. Auflage, Einsiedeln, Zürich, Köln 1948, zit.: AllgRL.

— Die Grundgedanken des Grundgesetzes für die Bundesrepublik Deutschland, Stuttgart, Köln 1950.

Nef, Hans: Materielle Schranken der Verfassungsrevision, ZSchwR NF Bd. 61 H. 1, S. 106 ff., Basel 1942.

Neumayer, Friedrich: Verhandlungen des Deutschen Bundestages, Stenographische Berichte, 2. Deutscher Bundestag, 17. Sitzung, S. 551 ff.

Onishi, Yoshio: Über Volkssouveränität, in: Festgabe für Carl Schmitt, Epirrhosis, Berlin 1968.

Polak, Karl: Reden und Aufsätze, Berlin 1968.

Preuß, Hugo: Verfassungsändernde Gesetze und Verfassungsurkunde, DJZ 1924, 649 ff.

Quaritsch, Helmut: Das parlamentslose Parlamentsgesetz, 2. Auflage, Hamburg 1961.

— Entgegnung, DVBl. 62, 585 ff. (zu: Das parlamentslose Parlamentsgesetz, Rezensionsabhandlung über die Schrift von Helmut Quaritsch, von Hildegard Krüger).

Radbruch, Gustav: Rechtsphilosophie, 5. Auflage, Stuttgart 1956.

Roellecke, Gerd, Diskussionsbeitrag, VVDStRL H. 29, S. 99 f.

Rönitz, Dieter: Nochmals: Die Aussetzung der Vollziehung von Steuerbescheiden bei verfassungsrechtlich zweifelhaften Steuergesetzen, NJW 60, 226 ff.

Rousseau, Jean-Jacques: Du Contrat Social, Paris 1962 (édition Garnier), zit.: CS I, 1 = livre, chapitre.

— Considérations sur le Gouvernement de Pologne et sur sa Réformation projetée en Avril 1772, in der o. a. Ausgabe S. 337 ff., zit.: GP.

Rupp, Heins Heinrich: Anm. zu BVerfG NJW 71, 275 ff.

Rümelin, Max: Die bindende Kraft des Gewohnheitsrechts und ihre Begründung.

Sander, Fritz: Das Faktum der Revolution und die Kontinuität der Rechtsordnung, ZöffR I, 132 ff.

Schefold, Dian: Verfassungsbindung, Verfassungsinitiative, Gesetzesinitiative, ZSchwR Band 87 I NF, H. 4, S. 191 ff., Basel 1968.

Scheidle, Günther: Das Widerstandsrecht, Berlin 1962.

Schelsky, Helmut: Mehr Demokratie oder mehr Freiheit? Frankfurter Allgemeine Zeitung vom 20. 1. 73, S. 7 ff.

Scheuerle, Wilhelm A.: Sowjetrussische Theorie der Rechtsquellen, AöR 77,

Scheuner, Ulrich: Die Rechtsprechung des Bundesverfassungsgerichts und 435 ff.
das Verfassungsrecht der Bundesrepublik, DVBl. 52, 613 ff.
— Pressefreiheit, VVDStRL H. 22, S. 1 ff.
— Rechtsgutachten, Beitritt der Bundesrepublik zur Europäischen Verteidigungsgemeinschaft und Grundgesetz, KudW II, S. 94 ff.
— Art. 146 und das Problem der verfassunggebenden Gewalt, DöV 53, 581 ff.
— Aussprache, VVDStRL H. 10, S. 46 ff.

Schindler, Dietrich: Verfassungsrecht und soziale Struktur, 3. Auflage, Zürich 1950.

Schmid, Carlo: Verhandlungen des Deutschen Bundestages, 2. Deutscher Bundestag, 17. Sitzung, S. 551 ff.

Schmidt-Bleibtreu, Bruno / *Klein*, Franz: Kommentar zum Grundgesetz für die Bundesrepublik Deutschland, 2. Auflage, 1969.

Schmitt, Carl: Verfassungslehre, 4. Auflage, Berlin 1965, zit.: VerfL.
— Die Diktatur des Reichspräsidenten nach Art. 48 der Reichsverfassung, VVDStRL H. 1, S. 63 ff.
— Über die drei Arten rechtswissenschaftlichen Denkens, Hamburg 1934, zit.: Drei Arten.
— Politische Theologie, München, Leipzig 1934, zit.: PolTh.
— Die Diktatur, 2. Auflage, München, Leipzig 1928, zit.: Diktatur.

Schmitt, Walter Oskar: Der Begriff der freiheitlichen demokratischen Grundordnung und Art. 79 Abs. 3 des Grundgesetzes, DöV 65, 433 ff.

Schütte, Wolfgang: Eine verfassunggebende Nationalversammlung? ZRP 69, 34.

Schwinge, Erich: Der Methodenstreit in der heutigen Rechtswissenschaft, Bonn 1930, zit.: Methodenstreit.
— Irrationalismus und Ganzheitsbetrachtung in der deutschen Rechtswissenschaft, Bonn 1938, zit.: Irrationalismus.

Seydel, Max von / *Piloty*, Robert: Bayerisches Staatsrecht, Erster Band: Die Staatsverfassung, Tübingen 1913.

Seuffert, Walter: Wie wandelbar muß eine Verfassung sein? — Über den Gehalt der Unantastbarkeitsbestimmung des Grundgesetzes, Frankfurter Allgemeine Zeitung vom 9. März 1971, S. 10.

Sieyès, Emmanuel, Qu'est-ce que le Tiers-Etat? Paris 1839.

Simson, Werner von: Das demokratische Prinzip im Grundgesetz, VVDStRL H. 29, S. 1 ff.

Smend, Rudolf: Verfassung und Verfassungsrecht, München, Leipzig 1928.

Somló, Felix: Juristische Grundlehre, 2. Auflage, Leipzig 1927.

Staatslexikon, Evangelisches, herausgegeben von Hermann Kunst u. a., Stuttgart 1966, zit.: EvStL.

Steiner, Udo: Verfassunggebung und verfassunggebende Gewalt des Volkes, Berlin 1966.

Stern, Klaus: BK, Art. 100, Zweitbearbeitung 1967.

Stier-Somlo, Fritz: Deutsches Reichs- und Landes-Staatsrecht I, Berlin, Leipzig 1924.

Suy, Eric: Les Actes juridiques unilatéraux en Droit international public, Paris 1962.

Thoma, Richard: Das Reich als Demokratie, HdBDStR I, S. 186 ff.

— Grundbegriffe und Grundsätze, HdBDStR II, S. 108 ff.

Triepel, Heinrich: Völkerrecht und Landesrecht, Leipzig 1899, zit.: VRuLR.

— 33. DJT, Erste Sitzung der ersten Abteilung, S. 45 ff., Berlin, Leipzig 1925.

Vattel, Emer de: Le Droit des Gens, Washington 1916 (Neudruck).

Verdross, Alfred: Völkerrecht, 5. Auflage, Wien 1964, zit.: VR.

— Die Verfassung der Völkerrechtsgemeinschaft, Wien, Berlin 1926, zit.: Verf VRGem.

— Entstehungsweisen und Geltungsgrund des universellen völkerrechtlichen Gewohnheitsrechts, ZaöRV 69, 635 ff.

Vezanis, Demetrius: Verfassung und Verfassungsrecht, in: Die moderne Demokratie und ihr Recht, Festschrift für Gerhard Leibholz zum 65. Geburtstag, Zweiter Band: Staats- und Verfassungsrecht, Tübingen 1966.

Voigt, Alfred: Ungeschriebenes Verfassungsrecht, VVDStRL H. 10, S. 33 ff.

Walter, Hannfried: Die allgemeine Verfassungsrevision in Schweden und die Grundgesetzänderungen von 1965, ZaöRV 66, 59 ff.

Walter, Robert: Diskussionsbeitrag, VVDStRL H. 29, S. 90.

Weber, Hans Hugo: Die materiellen Schranken für die Änderung des Bonner Grundgesetzes nach Art. 79 Abs. III BGG, Diss. Köln 1954.

Werbke, Axel: Regierung und Reichstag in Schweden, Die Staatsorganisation auf dem Wege zur Totalrevision der Verfassung, ZaöRV 70, 46 ff.

Wernicke, Kurt Georg: BK, Art. 1, Erstbearbeitung.

Wittmayer, Leo: Die Weimarer Reichsverfassung, Tübingen 1922.

Wolff, Hans Julius: Rechtsgrundsätze und verfassungsgestaltende Grundentscheidungen als Rechtsquellen, in: Gedächtnisschrift für Walter Jellinik, München 1955.

— Verwaltungsrecht I, 8. Auflage, München und Berlin 1971; Verwaltungsrecht II, 3. Auflage, München, Berlin 1970.

— Besprechung zu Otto Bachof: Verfassungswidrige Verfassungsnormen? DVBl. 51, 31 ff.

Zippelius, Reinhold: BK, Art. 1, Zweitbearbeitung 1966.

Zülch, Wilhelm: Das Verbot von Verfassungsänderungen nach dem Bonner Grundgesetz, Diss. Marburg 1957.

Zweig, Egon: Die Lehre vom Pouvoir Constituant, Ein Beitrag zum Staatsrecht der französischen Revolution, Tübingen 1909.

Printed by Libri Plureos GmbH
in Hamburg, Germany